AF569504

SARA EINARSDÓTTIR

ISLAND Kochbuch

Alle Ratschläge in diesem Buch wurden vom Autor und vom Verlag sorgfältig erwogen und geprüft. Eine Garantie kann dennoch nicht übernommen werden. Eine Haftung des Autors beziehungsweise des Verlags für jegliche Personen-, Sach- und Vermögensschäden ist daher ausgeschlossen.

Email: info@edition-lunerion.de
www.edition-lunerion.de

Psiana eCom UG
Berumer Str. 44
26844 Jemgum

Vorwort

Bei Island denken Sie an Vulkane, Nordlichter und Minusgrade? Die Insel fasziniert Sie als Naturspektakel, aber Kulinarisches kam Ihnen dabei noch nie in den Sinn? Außer Fisch, vermuten Sie, wird es dort nicht viel geben? Da täuschen Sie sich! Denn die isländische Küche hält jede Menge Verführung pur bereit und mit diesem Buch zaubern Sie sich die Köstlichkeiten ganz einfach selbst auf den Teller.

Zugegeben, für üppige Obst- und Gemüseplantagen ist Island nicht bekannt, doch das heißt noch lange nicht, dass der Inselstaat sich kulinarisch verstecken muss: Ganz im Gegenteil bietet die isländische Küche Ihnen eine einzigartige Mischung aus jahrhundertealter Tradition und den innovativen Einflüssen der Gegenwart, bei der Sie gleichzeitig die Besonderheiten des rauen Island-Klimas und die Raffinesse moderner Kochkunst schmecken. Reichhaltige Fisch- und Fleischgerichte bilden das Herzstück isländischen Genusses, darüber hinaus verwöhnen Suppen, Desserts, Gebäck, Snacks und vieles mehr den Gaumen – und auch Veggies kommen auf ihre Kosten!

Guten Appetit!

INHALT

Vegan und vegetarisch 29

Fleisch 33

Fisch 42

10 Fakten über Island

1 Fakt: Feuer und Eis: Island ist die weltweit größte Vulkaninsel. Im Schnitt erlebt Island alle vier Jahre einen Vulkanausbruch. Daneben ist Island auch von Eis geprägt. Rund 11 % der Fläche ist von Gletschern bedeckt, darunter auch Europas größter Gletscher mit einer Fläche von 8.300 km².

2 Fakt: Island setzt im Bereich Energiegewinnung auf Nachhaltigkeit. Etwa 85 % des gesamten Stromverbrauchs decken die Isländer mit Strom aus erneuerbaren Quellen ab. Hierbei wird rund die Hälfte der Energie aus Vulkanen oder heißen Quellen gewonnen.

3 Fakt: Auf Island gibt es verhältnismäßig wenig Menschen. Auf 103.000 km² leben im Schnitt 360.000 Einwohner. Zum Vergleich: Das Saarland (Deutschlands flächenmäßig kleinstes Bundesland) beherbergt rund 990.000 Menschen auf knappen 2.500 km². Dennoch oder vielleicht auch gerade deshalb gelten die Isländer als besonders freundlich und glücklich und haben im „World Happiness Report“ im Jahr 2021 den 2. Platz belegt.

4 Fakt: Wie für nordische Völker typisch, haben auch die Isländer keinen klassischen Nachnamen. Der Nachname eines Isländers setzt sich im Normalfall aus dem Vornamen des Vaters oder der Mutter in Verbindung mit der Endung -son (für Sohn) oder -dóttir (für Tochter) zusammen. Dies ist jedoch ohnehin kaum von Bedeutung, da in Island sowohl privat als auch geschäftlich nur selten der Nachname verwendet wird. Bekannte sowie unbekannte Menschen spricht man stets per Du und mit dem Vornamen an – sogar den Premierminister.

5 Fakt: Die Sprache Islands hat sich in den letzten 1.000 Jahren kaum verändert und wurde vom Wandel der Zeit nur sehr, sehr wenig geprägt.

6 Fakt: Island ist ein sehr friedliches Land. Im Ranking der friedlichsten Länder, dem Global Peace Ranking, belegte Island im Jahr 2020 den 1. Platz. Beispielhaft hierfür ist unter anderem die sehr niedrige Kriminalitätsrate und auch die Tatsache, dass die isländische Polizei im Dienst keinerlei Schusswaffen trägt. Zudem hat Island kein eigenes Militär – wenn ein Isländer zur Marine, Luftwaffe oder Armee möchte, hat er lediglich die Option, zum norwegischen Militär zu gehen.

7 Fakt: Das in Island beheimatete Islandpferd ist etwas ganz Besonderes. Diese Pferdeart verfügt im Gegensatz zu anderen Pferden nämlich über fünf Gangarten, statt nur über drei. Neben den gängigen Schrittarten wie Schritt, Trab und Galopp kann das Islandpferd auch im sogenannten „Tölt“ und „Pass“ geritten werden.

8 Fakt: Island ist auch über die Islandpferde hinaus ein sehr tierfreundliches Land, weshalb es allen in Island lebenden Menschen untersagt ist, exotische Tiere wie beispielsweise Schlangen, Echsen oder Schildkröten als Haustiere zu halten.

9 Fakt: Apropos Tiere: In ganz Island gibt es keine Moskitos. Gar keine. Nirgendwo.

10 Fakt: In Island glaubt rund die Hälfte der Bevölkerung an Fabelwesen wie Trolle, Feen und Elfen. Bei den malerischen Landschaften und der zauberhaften Legenden und Sagen ist dies jedoch kaum verwunderlich.

Die isländische Küche

Die Küche Islands war geprägt vom rauen Klima. Die Winter in Island sind dunkel, kalt und vor allem lang. Daher wurden in der isländischen Küche kaum Kräuter genutzt und zudem nahezu alles verwertet, was essbar war oder essbar gemacht werden konnte. Hierbei war die verbreitetste und wichtigste Zubereitungsmethode das Kochen. Zum Haltbarmachen von Fleisch und Fisch wurde zudem noch geräuchert, gepökelt, getrocknet, eingelegt, gesalzen oder fermentiert.

Insbesondere Fisch galt als Hauptnahrungsmittel, doch auch Wal- und Robbenfleisch fanden ihren Platz auf den Tellern. Darüber hinaus wurden auch Seevögel wie beispielsweise Trottellummen, Papageientaucher und Tordalken gegessen. Wenn auch etwas eingeschränkt gab es dennoch eine Viehzucht auf Island, sodass auch Schafe, Pferde und Kühe Teil des isländischen Speiseplans waren.

Aufgrund der geografischen Lage hatte Gemüse sowie dessen Anbau kaum eine Bedeutung für die isländische Küche. Lediglich Kohl, Rüben, Rhabarber oder Beeren waren verfügbar und fanden somit ihren Einsatz in einigen Speisen. Damals wie heute finden sich daher in der isländischen Küche nur sehr wenige klassische Gerichte, die vegetarisch oder sogar vegan sind.

Die traditionellen Gerichte, wie sie damals schon zubereitet wurden, finden heute nur noch selten ihren Platz auf den isländischen Tellern. An besonderen Festtagen oder zum Winterfest, dem sogenannten *„Þorrablót“*, gibt es jedoch noch immer die klassischen „Þorramatur“, wie zum Beispiel gekochten Schafskopf, fermentierten Hai oder Rochen, sauer eingelegte Schafsinnereien oder Robbenflossen, Hammelhoden-Pastete oder im Schafsmagen gekochte Schafsinnereien.

Die heutige isländische Küche hingegen ist moderner. Dies ist natürlich auch dem Import von „neuen“ Lebensmitteln geschuldet, der es seit etwa 1950 möglich macht, im Supermarkt eine große Auswahl verschiedener Obst- und Gemüsesorten zu erstehen. Neben den Neuerungen finden jedoch auch in der modernen isländischen Küche weiterhin Fisch, insbesondere Kabeljau und Schellfisch, und Schaf bzw. Lamm ihren Platz auf dem Teller. Als Delikatesse zählen hingegen Fische wie Forelle, Saibling oder Wildlachs und Geflügel wie Ente oder Gans.

Die Isländer können jedoch nicht nur herzhaft, sondern auch so richtig süß: heißes Schmalzgebäck, Pfannkuchen mit Beeren, klassische Kekse, leckere Kuchen oder Schokoladensuppe.

Zusammenfassend kann gesagt werden, dass die isländische Küche sich im Laufe der Jahre von einer sehr beschränkten, traditionellen Küche hin zu einer vielfältigen, modernen Kulinarik entwickelt hat, die ihrem Ursprung dennoch treu bleibt.

Rezepte

Frühstück und Brot

LUMMUR

HAFERFLOCKEN-PFANNKUCHEN

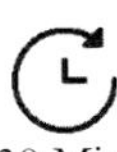

25 Port. 30 Min. Leicht

Zutaten

300 g Mehl
150 g Haferflocken
40 g Zucker
3 Eier
300 ml Milch
100 g Skyr
1 TL Backpulver
Butter
Toppings nach Wahl, z. B. frische Beeren, Sahne, Puderzucker, Obst etc.

Nährwerte p. P.

93 kcal
16 g Kohlenhydrate
2 g Fett
3 g Eiweiß

1 Zunächst den Zucker in eine Schüssel füllen, die Eier hinzufügen und zusammen mit dem Skyr und der Milch verrühren. Anschließend die Haferflocken untermischen sowie das Mehl und das Backpulver einarbeiten. Den fertigen Teig für 5 bis 10 Minuten ruhen lassen.

2 Als Nächstes etwas Butter in eine Pfanne füllen, erhitzen und den Teig portionsweise hineingeben. Die Pfannkuchen bei mäßiger Hitze von beiden Seite für je 3 bis 4 Minuten ausbacken. Auf diese Weise nacheinander die Pfannkuchen backen.

3 Die fertigen Pfannkuchen nach Belieben dekorieren und noch warm servieren.

HAFRAGRAUTUR

HAFERBREI

2 Port. 15 Min. Leicht

Zutaten

200 g Skyr
50 g Haferflocken
200 ml Milch
2 EL Honig
1 Prise Salz
frische Beeren nach Wahl

Nährwerte p. P.

259 kcal
38 g Kohlenhydrate
4 g Fett
18 g Eiweiß

1 Zunächst die Milch in einen Topf füllen und unter Rühren heiß werden lassen. Anschließend die Haferflocken einrühren, das Salz hinzufügen und den Brei für ca. 10 Minuten bei schwacher Hitze leise köcheln lassen.

2 Nach Ende der Kochzeit den Topf von der Herdplatte ziehen, den Brei etwas abkühlen lassen und erst danach den Honig sowie den Skyr untermischen. Den fertigen Haferbrei gleichmäßig auf zwei Schälchen verteilen, mit den frischen Beeren toppen und lauwarm servieren.

RÚGBRAUÐ

ROGGENBROT

1 Port.

10 Std.

Leicht

Zutaten

375 g Roggenmehl 1370er (oder 1150)
250 g Zuckerrübensirup
125 g Weizenvollkornmehl
10 g Zuckercouleur
1 Packung Backpulver
½ Packung Natron
500 ml Buttermilch

Nährwerte p. P.

2.767 kcal
584 g Kohlenhydrate
10 g Fett
64 g Eiweiß

1 Zunächst den Backofen auf 100 °C Umluft vorheizen und eine Kastenform mit Backpapier auslegen.

2 Als Nächstes das Roggenmehl, das Weizenvollkornmehl sowie das Backpulver, das Zuckercouleur sowie das Natron in eine Schüssel füllen und vermischen. Anschließend die Buttermilch und den Zuckerrübensirup hinzufügen und die Zutaten zu einem homogenen

3 Teig verkneten. Den Teig in die vorbereitete Form füllen und diese mit Alufolie einwickeln. Die Form in den Backofen schieben und das Brot für 10 Stunden backen.

4 Nach Ablauf der Backzeit die Form aus dem Ofen nehmen, auswickeln und das Brot vorsichtig herausnehmen. Etwas abkühlen lassen und erst danach aufschneiden und genießen.

LAUFABRAUÐ

WEIHNACHTSBROT

8 Port. 45 Min. Leicht

Zutaten

1 kg Weizenmehl
750 ml Milch
¼ TL Backpulver
1 EL Butter
1 TL Salz
1 TL Zucker
neutrales Pflanzenfett

Nährwerte p. P.

300 kcal
50 g Kohlenhydrate
4 g Fett
16 g Eiweiß

1 Zunächst das Mehl, das Backpulver sowie den Zucker und das Salz in eine Schüssel füllen und vermischen. Anschließend die Milch in einen Topf füllen und bei schwacher Hitzezufuhr unter Rühren heiß werden lassen. Nun die Butter zu der Milch geben und einrühren, bis diese vollständig geschmolzen ist. Das Milch-Butter-Gemisch zu den trockenen Zutaten in die Schüssel gießen und zu einem formbaren Teig verkneten.

2 Den Teig zu einem langen Strang rollen und diesen in acht Teile stückeln. Jedes Teigstück zu einem Kreis von ca. 20 cm Durchmesser ausrollen. Die Teigkreise bis zur weiteren Verwendung mit einem feuchten Geschirrhandtuch bedecken, damit der Teig nicht austrocknet.

3 Als Nächstes mithilfe eines Teigrollers kleine Muster in die Teigkreise zeichnen.

4 Reichlich neutrales Pflanzenfett in einen großen Topf füllen und bei mäßiger Hitze heiß werden lassen. Die Teigkreise nun nacheinander für je 10 bis 20 Sekunden pro Seite in dem heißen Fett frittieren. Die frittierten Teigkreise aus dem Fett nehmen und auf einem mit Küchenpapier ausgelegten Teller abtropfen lassen.

5 Das fertige Weihnachtsbrot servieren und genießen.

BLÁBERJASULTA FRÁ LITLIBÆ

BLAUBEERMARMELADE

3 Port.

40 Min.

Leicht

Zutaten

1 kg Blaubeeren
750 g Zucker
1 Päckchen Melatin / Gelfix o. Ä.
1 EL Zucker

Nährwerte p. P.

1.226 kcal
293 g Kohlenhydrate
2 g Fett
2 g Eiweiß

1 Zunächst die Blaubeeren waschen, in einen Topf füllen und den Zucker hinzufügen. Bei mäßiger Hitze für ca. 30 Minuten sanft köcheln lassen. Zwischenzeitlich umrühren.

2 Nach Ablauf der Kochzeit das Melatin / Gelfix und den Zucker in ein kleines Gefäß geben, vermischen und erst dann in das Fruchtpüree einrühren. Bei starker Hitze aufkochen lassen, bis die Masse andickt.

3 Die fertige Marmelade direkt in Einmachgläser füllen, verschließen und abkühlen lassen.

RÚLLUPYLSA

ROLLWURST

1 Port.

1 Tag

Mittel

Zutaten

1 kg Bauchfleisch vom Lamm
1 Zwiebel
1 ½ l Fleischbrühe
3 TL Salz
2 TL gehackte Petersilie
1 TL Zucker
1 Prise Pfeffer

Nährwerte p. P.

2.155 kcal
33 g Kohlenhydrate
140 g Fett
186 g Eiweiß

1 Zunächst das Fleisch in sehr dünne Scheiben schneiden. Danach die Schale der Zwiebel abziehen und diese sehr fein hacken. Die Zwiebeln in eine Schüssel geben, mit dem Zucker, dem Salz sowie dem Pfeffer bestreuen und mit der gehackten Petersilie vermengen.

2 Die vorbereiteten Fleischscheiben mit der Marinade bestreichen und von der kurzen Seite aus aufrollen. Mithilfe eines Fadens fest zusammenbinden.

3 Als Nächstes die Fleischbrühe in einen Topf füllen, erhitzen und die Rollwurst hineinlegen. Für ca. 2 Stunden bei schwacher Hitze garziehen. Die fertigen Rollwürste aus der Brühe nehmen, auf einen Teller legen und ein Brett oben auflegen. Das Brett beschweren und die Rollwürste für mindestens 24 Stunden im Kühlschrank ruhen lassen.

4 Die fertige Rollwurst aus dem Kühlschrank nehmen, die Schnüre entfernen und in dünne Scheiben aufschneiden. Direkt servieren und genießen.

MYSINGUR

MOLKENKÄSE

1 Port.

3 Std.

Leicht

Zutaten

20 g Rohrzucker
10 g Zuckerrübensirup
2 ½ l Skyr- oder Käse-Molke
1 EL Butter
1 EL Sahne
¼ TL Salz

Nährwerte p. P.

824 kcal
147 g Kohlenhydrate
17 g Fett
20 g Eiweiß

1 Zunächst die Molke in eine große Pfanne gießen, das Salz einrühren und bei mäßiger Hitze aufkochen lassen. Die Flüssigkeit unter Rühren einkochen, bis sich das Volumen auf ? reduziert hat.

2 Währenddessen den Sirup, den Zucker sowie die Sahne und die Butter hinzufügen und so lange rühren, bis die Masse andickt.

3 Als Probe nun einen Teelöffel der Masse auf einen Teller geben und kurz warten. Wird die Masse fest, ist der Molkenkäse fertig.

4 Den Topf von der Herdplatte nehmen, etwas abkühlen lassen und dann in ein wiederverschließbares Gefäß umfüllen. Den fertigen Molkenkäse servieren oder im Kühlschrank lagern.

TÓMATSULTU

TOMATENMARMELADE

2 Port.

4 Std.

Leicht

Zutaten

150 g grüne Tomaten
150 g gelbe Tomaten
100 g Gelierzucker
2 Limetten
1 TL Zimt

Nährwerte p. P.

249 kcal
56 g Kohlenhydrate
2 g Fett
2 g Eiweiß

1 Zunächst die Tomaten waschen, in Viertel zerteilen und in einen Topf füllen. Anschließend die Limette waschen, trocken reiben und die Schale mithilfe einer Reibe abraspeln. Etwas Limettenabrieb zu den Tomaten geben. Danach die Limette halbieren und den Saft ebenfalls zu den Tomaten in den Topf pressen. Abschließend den Zimt hinzufügen.

2 Die Tomaten bei mäßiger Hitze aufkochen lassen und dann mithilfe eines Pürierstabs fein mixen.

3 Als Nächstes den Gelierzucker untermischen und die Masse unter Rühren für ca. 5 Minuten leise köcheln lassen, bis diese beginnt anzudicken.

4 Die fertige Marmelade in Einmachgläser abfüllen, verschließen und vollständig abkühlen lassen.

5 Die Tomatenmarmelade direkt servieren oder genießen oder im Kühlschrank lagern (verschlossen maximal 1 Monat haltbar).

ÞORSKHROGN SMJÖR

DORSCHROGEN-BUTTER

1 Port.

30 Min.

Leicht

Zutaten

200 g Dorschrogen
100 g Butter
1 EL Margarine
1 TL gehackte Petersilie
1 Prise Salz
1 Prise Pfeffer

Nährwerte p. P.

1.338 kcal
9 g Kohlenhydrate
121 g Fett
53 g Eiweiß

1 Zunächst den Rogen waschen und zum Abtropfen auf ein Küchenpapier geben.

2 Währenddessen die Margarine in eine Pfanne füllen, bei mäßiger Hitze heiß werden lassen und den Rogen darin anschwitzen. Zwischenzeitlich mit Salz und Pfeffer würzen sowie mit Petersilie bestreuen.

3 Nach etwa 5 bis 10 Minuten den Rogen mithilfe einer Gabel etwas zerdrücken, sodass eine Art Brei entsteht. Die Pfanne von der Herdplatte nehmen und den Rogen etwas abkühlen lassen.

4 In der Zwischenzeit die Butter in eine Schale füllen und mit dem abgekühlten Rogen vermengen. Die fertige Dorschrogen-Butter bis zum Servieren im Kühlschrank lagern. Servieren und gekühlt genießen.

Suppen

KERFILSÚPA

KERBELSUPPE

4 Port.

45 Min.

Leicht

Zutaten

200 g Kerbel
30 g Butter
30 g Mehl
2 gekochte Eier
800 ml Lammfond
Salz, Pfeffer

Nährwerte p. P.

301 kcal
13 g Kohlenhydrate
24 g Fett
6 g Eiweiß

1 Zunächst den Lammfond in einen Topf geben und bei mäßiger Hitze heiß werden lassen. Anschließend die Butter in einen weiteren Topf füllen, heiß werden lassen und das Mehl einrieseln lassen. Mithilfe eines Schneebesens verrühren und kurz anschwitzen.

2 Nun portionsweise etwas vom heißen Lammfond dazugießen und immer kräftig einrühren. Diesen Vorgang wiederholen, bis der komplette Fond verbraucht ist.

3 Als Nächstes den Kerbel waschen, trocken schütteln und hacken. Den vorbereiteten Kerbel in die heiße Suppe einrühren und nochmals kurz bei mäßiger Hitze köcheln lassen.

4 In der Zwischenzeit die Schale der Eier pellen und die Eier in Spalten schneiden.

5 Die fertige Kerbelsuppe mit Salz und Pfeffer nach Belieben abschmecken, auf vier tiefe Teller verteilen, mit einigen Eierspalten garnieren und direkt servieren.

RÓFUSÚPA

ROTE-BETE-SUPPE

6 Port. 1,5 Std. Leicht

Zutaten

450 g Möhren
3 gekochte Rote Beten
3 Knoblauchzehen
1 Stange Sellerie
1 Zwiebel
1 Lorbeerblatt
½ grüne Paprika
2 l Gemüsebrühe
2 EL gemahlener Kümmel
etwas Sauerrahm
Salz, Pfeffer

Nährwerte p. P.

83 kcal
12 g Kohlenhydrate
2 g Fett
3 g Eiweiß

1 Zunächst die Schale der Möhren entfernen und diese in Scheiben zerteilen. Anschließend die Schale der Zwiebel und Knoblauchzehen abziehen und beides sehr fein hacken. Danach den Sellerie waschen und würfeln sowie die Paprika waschen, das Kerngehäuse entfernen und die Schote ebenfalls in Würfel schneiden.

2 Nun 1,6 l Gemüsebrühe in einen Topf füllen, aufkochen lassen und das vorbereitete Gemüse dazugeben. Das Lorbeerblatt sowie den Kümmel hinzufügen und für etwa 20 Minuten bei mäßiger Hitze kochen.

3 In der Zwischenzeit die Rote Bete zerkleinern und nach Ende der Kochzeit mit in den Topf geben. Für weitere 45 Minuten sanft köcheln lassen.

4 Nach Ablauf der Kochzeit den Topf von der Herdplatte ziehen, das Lorbeerblatt entfernen und die Suppe mithilfe eines Pürierstabs fein mixen. Zum Schluss die restliche Gemüsebrühe unterrühren und die fertige Rote-Bete-Suppe nach Belieben mit Salz und Pfeffer würzen.

5 Zum Servieren die Suppe auf sechs tiefe Teller verteilen, mit je einem Klecks Sauerrahm toppen und die Rote-Bete-Suppe noch warm genießen.

KJÖTSÚPA

LAMMSUPPE

6 Port.

1 Std. 40 Min.

Leicht

Zutaten

1 kg Lammfleisch am Knochen
450 g Spitzrübe
400 g Kartoffeln
4 Möhren
1 Zwiebel
2 l Wasser
Salz, Pfeffer

Nährwerte p. P.

576 kcal
13 g Kohlenhydrate
44 g Fett
29 g Eiweiß

1 Zunächst das Lammfleisch unter fließendem Wasser abspülen, mit einem Küchenpapier etwas trocken tupfen und anschließend in mundgerechte Stücke zerteilen. Das Fleisch in einen Topf füllen und mit kaltem Wasser aufgießen, bis das Fleisch bedeckt ist. Etwas Salz hinzufügen und dann bei starker Hitzezufuhr aufkochen. Hierbei zwischenzeitlich immer wieder den Schaum abschöpfen.

2 In der Zwischenzeit die Schale der Zwiebel abziehen und klein würfeln. Die Zwiebelwürfel zum Fleisch in den Topf geben, den Topf mit einem Deckel locker abdecken und für ca. 50 bis 60 Minuten bei mäßiger Hitze köcheln lassen.

3 Währenddessen die Schale der Spitzrübe, der Kartoffeln und der Möhren entfernen und das Gemüse klein schneiden. Nach Ende der Kochzeit das vorbereitete Gemüse zum Fleisch geben, unterheben und nochmals für weitere 30 Minuten abgedeckt kochen.

4 Am Ende der Garzeit mit etwas Salz und Pfeffer abschmecken und die fertige Lammsuppe direkt servieren.

ÝSU STEFF

SCHELLFISCHEINTOPF

5 Port.

50 Min.

Mittel

Zutaten

600 g Schellfischfilet
100 g Räucherspeck
2 Zwiebeln
2 Möhren
2 Kartoffeln
1 Stange Lauch
1 Lorbeerblatt
1 Zitrone (Saft und Abrieb)
1 Bund Petersilie
½ Spitzkohl
2 EL Butter
800 ml Fischfond
200 ml Sahne
100 ml Weißwein
Cayennepfeffer
Salz, Pfeffer

Nährwerte p. P.

654 kcal
21 g Kohlenhydrate
41 g Fett
42 g Eiweiß

1 Zunächst die Schale der Zwiebeln abziehen und in feine Ringe aufschneiden. Danach den Lauch putzen und ebenfalls in Ringe zerteilen. Anschließend die Möhren schälen und mithilfe eines Hobels in schmale Scheiben hobeln.

2 Danach den Spitzkohl putzen, den Strunk abtrennen und den Kohl in kleine Stücke würfeln. Abschließend noch die Schale der Kartoffeln abschneiden und zerkleinern sowie den Speck würfeln.

3 Als Nächstes die Butter in eine Pfanne füllen, erhitzen und die Zwiebel zusammen mit den Speckwürfeln darin anbraten. Nach 2 bis 3 Minuten das restliche Gemüse dazugeben, kurz mit andünsten und dann mit dem Weißwein begießen. Mit dem Fischfond aufgießen, mit Salz und Pfeffer würzen und das Lorbeerblatt hinzufügen. Bei mäßiger Hitze für etwa 12 bis 15 Minuten köcheln lassen.

4 In der Zwischenzeit den Schellfisch unter fließendem Wasser abspülen, mit einem Küchenpapier trocken tupfen und in mundgerechte Stücke zerteilen. Die Fischstückchen mit Salz und Pfeffer bestreuen.

5 Nach Ende der Kochzeit den Fischfond mit Cayennepfeffer, Zitronensaft und Zitronenabrieb abschmecken und abschließend die Sahne unterziehen (nach diesem Schritt sollte die Suppe nicht mehr aufkochen).

6 Den vorbereiteten Fisch in die Suppe geben, vorsichtig einrühren und für 6 bis 8 Minuten im heißen Fond garziehen. Währenddessen die Petersilie waschen, trocken tupfen und hacken.

7 Den fertigen Schellfischeintopf auf vier tiefe Teller verteilen, mit der Petersilie bestreuen und heiß genießen.

BÚRAKÚSSUPA MEÐ OSTAKÖLU

LAUCHSUPPE MIT KÄSEBÄLLCHEN

4 Port. | 1 Std. 10 Min. | Leicht

Zutaten

4 Stangen Lauch
1 Schmelzkäse
1 l Gemüsebrühe
1 l Milch
1 EL Margarine
2 TL Salz
1 Prise Pfeffer

Für die Käsebällchen:
200 g Käse nach Wahl
100 g Margarine
100 g Semmelbrösel
1 Ei
Je 1 Prise Salz und Pfeffer

Nährwerte p. P.

857 kcal
38 g Kohlenhydrate
61 g Fett
37 g Eiweiß

1 Zunächst den Lauch gründlich putzen und in Ringe schneiden. Anschließend die Margarine in einen Topf füllen, erhitzen und den Lauch darin bei schwacher Hitzezufuhr anschwitzen. Nach 3 bis 5 Minuten das Gemüse mit der Brühe aufgießen, den Schmelzkäse einrühren und mit Salz und Pfeffer würzen.

2 Bei mäßiger Hitze für etwa 25 Minuten kochen. Nach Ende der Garzeit die Milch untermischen und nochmals aufkochen lassen. Den Topf im Anschluss von der Herdplatte nehmen und die Suppe ruhen lassen.

3 Als Nächstes die Käsebällchen zubereiten. Hierfür den Käse mithilfe einer Reibe fein raspeln und in eine Schüssel füllen. Nun die Margarine sowie das Ei hinzufügen, die Semmelbrösel dazugeben und mit Salz und Pfeffer würzen.

4 Mit den Händen vermengen und zu einer formbaren Masse verkneten. Bei Bedarf kann die Masse nochmals für 30 bis 40 Minuten im Kühlschrank gekühlt werden, um sie formbarer zu machen. Die Käsemasse anschließend zu kleinen Bällchen rollen.

5 Nun einen zweiten Topf mit Wasser befüllen, leicht salzen und aufkochen lassen. Die vorbereiteten Bällchen für ca. 5 Minuten im kochenden Wasser garen. Nach Ende der Kochzeit die Käsebällchen aus dem Wasser schöpfen und in die Lauchsuppe einrühren.

6 Die fertige Lauchsuppe mit Käsebällchen servieren und direkt genießen.

HUMARSÚPA

HUMMERSUPPE

6 Port. | 1 Std. 45 Min. | Mittel

Zutaten

Für die Hummerbrühe:
500 g Hummerschalen
2 Karotten
2 Staudensellerie
1 Zwiebel
1 l Fischbrühe
700 ml Wasser
2 EL Butter
1 TL Pfeffer
1 TL Salz

Für die Suppe:
500 g Hummerfleisch
350 g Joghurt
2 Knoblauchzehen
1 Zwiebel
1,5 l Hummerbrühe
250 ml trockener Weißwein
4 EL Butter
2 EL Sahne
1 EL Schnittlauch
1 EL Tomatenmark
2 TL Paprikapulver
1 TL Currypulver
Etwas Meersalz und Pfeffer

Nährwerte p. P.

190 kcal
8 g Kohlenhydrate
3 g Fett
3 g Eiweiß

1 Zunächst die Brühe zubereiten. Dafür die Schale der Zwiebel abziehen und in Viertel zerteilen sowie die Möhren schälen und würfeln. Danach den Sellerie putzen und ebenfalls klein schneiden.

2 Nun die Butter in einen Topf füllen und erhitzen. Anschließend die Schalen vom Hummer in die heiße Butter geben und kurz anschwitzen. Im Anschluss das vorbereitete Gemüse hinzufügen, für 2 bis 3 Minuten mit andünsten und dann mit der Brühe und dem Wasser aufgießen.

3 Mit Salz und Pfeffer würzen und bei starker Hitze aufkochen lassen. Anschließend die Hitze reduzieren und für ca. 60 Minuten sanft köcheln lassen.Nach Ende der Garzeit die Brühe durch ein Sieb abgießen und beiseitestellen.

4 Als Nächstes die Suppe zubereiten. Hierfür die Schale vom Knoblauch und der Zwiebel abziehen und beides fein hacken. Danach die Butter in einen großen Topf füllen, heiß werden lassen und das vorbereitete Gemüse darin bei mäßiger Hitze anschwitzen. Nach 2 bis 3 Minuten das Tomatenmark dazugeben und unter Rühren anbraten.

5 Währenddessen mit Curry- und Paprikapulver bestäuben, einrühren und dann mit dem Wein ablöschen. Für 4 bis 5 Minuten sanft köcheln lassen und im Anschluss die vorbereitete Hummerbrühe hinzugießen. Bei mäßiger Hitze für ca. 30 Minuten sanft kochen.

6 In der Zwischenzeit das Hummerfleisch unter fließendem Wasser abspülen, mit einem Küchenpapier trocken tupfen und klein schneiden. Nach Ende der Kochzeit den Hummer in die heiße Suppe geben und für weitere 5 bis 10 Minuten garen.

7 Nach Ende der Garzeit den Topf von der Herdplatte ziehen und die Suppe mit Meersalz und Pfeffer abschmecken. Im Anschluss langsam den Joghurt einrühren.

8 Die fertige Hummersuppe auf tiefe Teller verteilen, mit je einem Klecks Sahne toppen und mit etwas frischem Schnittlauch bestreuen. Direkt servieren und genießen.

ERTUSÁPA MED LAMBAKJÖTI

ERBSENSUPPE MIT LAMM

2 Port. 6,5 Std. Mittel

Zutaten

400 g gepökeltes Lammfleisch
200 g Möhren
200 g Kohlrabi
100 g gelbe Erbsen
3 Kartoffeln
1 Zwiebel
500 ml Wasser
1 TL isländischer Thymian

Nährwerte p. P.

393 kcal
36 g Kohlenhydrate
6 g Fett
45 g Eiweiß

1 Zunächst die Erbsen in ein Gefäß füllen, mit reichlich Wasser aufgießen und für etwa 4 Stunden einweichen lassen. Danach das Wasser abgießen und die Erbsen abtropfen lassen.

2 Anschließend die Schale der Zwiebel abziehen und diese fein hacken. Die Zwiebel zusammen mit den eingeweichten Erbsen in einen Topf füllen, mit dem Wasser aufgießen und bei mäßiger Hitze für ca. 90 Minuten leise köcheln lassen.

3 Währenddessen einen zweiten Topf mit Wasser befüllen, salzen und zum Kochen bringen. Anschließend ca. 200 g Lammfleisch am Stück in das kochende Wasser geben und für ca. 60 Minuten gar kochen, bis es zu zerfallen beginnt.

4 In der Zwischenzeit die Kartoffeln sowie die Möhren und den Kohlrabi schälen und das Gemüse in kleine, gleichmäßige Würfel zerteilen. Danach das restliche Lammfleisch ebenfalls würfeln.

5 Nach Ende der Kochzeit das vorbereitete Gemüse zusammen mit den Fleischwürfeln zu den Erbsen in den Topf geben, den Thymian hinzufügen und alles vorsichtig vermengen. Bei mäßiger Hitze für ca. 20 Minuten kochen.

6 Zum Servieren das separat gekochte Lammfleisch gleichmäßig auf tiefe Teller verteilen und dann mit der Suppe aufgießen. Die fertige Erbsensuppe mit Lamm direkt servieren und heiß genießen.

FJALLAGRASASÚPA

MOOSSUPPE

 2 Port.

 30 Min.

 Leicht

Zutaten

30 g getrocknetes Islandmoos
1 l Milch
2 EL Rohrzucker
1 TL Salz
etwas Butter

Nährwerte p. P.

290 kcal
38 g Kohlenhydrate
8 g Fett
18 g Eiweiß

1 Zunächst das Islandmoos mit kaltem Wasser gründlich durchspülen und in ein Sieb füllen. Danach mit kochendem Wasser übergießen, abtropfen lassen und im Anschluss hacken.

2 Als Nächstes etwas Butter in eine Pfanne füllen, den Zucker hinzufügen und bei mäßiger Hitze unter Rühren erhitzen. Im Anschluss das gehackte Islandmoos in die Pfanne geben und mit der Zuckermasse vermischen. Sobald sich weißer Schaum zu bilden beginnt, etwas kochendes Wasser in die Pfanne gießen und bei starker Hitze für 1 bis 2 Minuten kochen lassen.

3 Nun mit der Milch aufgießen und unter Rühren für 4 bis 5 Minuten bei mäßiger Hitze köcheln lassen. Nach Ende der Kochzeit den Topf von der Herdplatte ziehen und die Suppe mit Zucker und Salz abschmecken.

4 Die fertige Moossuppe servieren und direkt genießen.

BRAUÐSÚPA

BROTSUPPE

4 Port. 45 Min. Leicht

Zutaten

250 g dunkles Roggenbrot
75 g Rosinen
½ Zitrone
250 ml Schlagsahne
4 EL Zucker

Nährwerte p. P.

470 kcal
58 g Kohlenhydrate
23 g Fett
6 g Eiweiß

1 Zunächst das Brot in kleine Stücke schneiden oder bröseln und in eine tiefe Pfanne füllen. Im Anschluss mit etwas Wasser aufgießen, bis das Brot bedeckt ist, und für ca. 30 Minuten ruhen lassen.

2 Nach Ablauf der Ruhzeit die Masse bei schwacher Hitzezufuhr heiß werden lassen und mithilfe eines Pürierstabs fein mixen. Anschließend die Zitrone waschen, in Scheiben aufschneiden und zusammen mit den Rosinen zu der Brotmasse geben. Für etwa 10 Minuten bei mäßiger Hitze kochen. Dabei gelegentlich umrühren.

3 Nach Ende der Kochzeit die Zitronenscheiben entfernen und den Zucker einrühren. Im Anschluss die Sahne in ein hohes Gefäß füllen, mit einem Mixer aufschlagen und zusammen mit der fertigen Brotsuppe servieren.

SKELJASÚPA

MUSCHELSUPPE

4 Port.

50 Min.

Leicht

Zutaten

30 Muscheln
30 g Butter
Je 1 Zwiebel und Sellerie
1 Möhre
4 EL passierte Tomaten
500 ml Fischfond
500 ml Weißwein
500 ml Sahne
Estragon, Petersilie
Safran
Salz, Pfeffer

Nährwerte p. P.

598 kcal
18 g Kohlenhydrate
46 g Fett
5 g Eiweiß

1 Zunächst die Muscheln gründlich waschen und putzen. Anschließend die Schale der Zwiebel abziehen und fein hacken sowie den Sellerie putzen und würfeln. Danach die Möhre schälen und zerkleinern.

2 Als Nächstes die Butter in einen Topf füllen, erhitzen und das vorbereitete Gemüse darin anschwitzen. Nach 2 bis 3 Minuten das Tomatenpüree und die Kräuter hinzufügen, kurz anbraten und dann mit dem Weißwein ablöschen. Im Anschluss die Muscheln mit in den Topf geben, mit dem Fischfond aufgießen und bei mäßiger Hitze für etwa 20 bis 30 Minuten kochen. Die Muscheln sind gar, sobald sie sich öffnen.

3 Nach Ende der Garzeit die Muscheln aus dem Sud nehmen und gleichmäßig auf vier tiefe Teller verteilen. Nun die Sahne zu dem Sud in den Topf geben und nochmals kurz aufkochen lassen. Anschließend mit Salz und Pfeffer abschmecken und die fertige Suppe dann über die Muscheln in die Teller gießen. Die fertige Muschelsuppe direkt servieren und heiß genießen.

GRÆNMETISSÚPA

GEMÜSESUPPE

2 Port.

40 Min.

Leicht

Zutaten

250 g Blumenkohl
200 g Brokkoli
5 Kartoffeln
3 Möhren
1 Stange Lauch
700 ml Brühe
300 ml Milch
3 EL Butter
3 EL Mehl
1 TL Sojasoße
Salz, Pfeffer

Nährwerte p. P.

540 kcal
69 g Kohlenhydrate
16 g Fett
21 g Eiweiß

1 Zunächst die Möhren und Kartoffeln schälen und in kleine Stücke zerteilen. Anschließend den Brokkoli sowie den Blumenkohl in kleine Röschen zerteilen sowie den Lauch putzen und in Ringe aufschneiden.

2 Nun das vorbereitete Gemüse in einen Topf füllen, mit der Brühe aufgießen und leicht salzen. Bei mäßiger Hitze für ca. 12 bis 15 Minuten leise köcheln lassen. Nach Ende der Kochzeit die Milch unterrühren und nochmals aufkochen lassen.

3 Die Butter zusammen mit dem Mehl in ein kleines Gefäß füllen und vermischen. Den Butter-Mehl-Mix in die Suppe einrühren und unter Rühren andicken lassen. Nochmals für 4 bis 5 Minuten leise köcheln lassen und abschließend mit etwas Sojasoße, Salz und Pfeffer abschmecken.

4 Die fertige Gemüsesuppe servieren und heiß genießen.

Vegan und vegetarisch

HRAUNBRAUÐ

LAVABROT

1 Port. | 12 Std. 10 Min. | Leicht

Zutaten

700 g Roggenmehl Typ 1370
100 g Dinkelmehl Typ 1050
100 g Rohrzucker
1 Würfel frische Hefe
1 Glas Wasser
300 ml Milch
2 TL Salz
etwas Butter

Nährwerte p. P.

3.239 kcal
655 g Kohlenhydrate
16 g Fett
91 g Eiweiß

1 Zunächst ein Glas mit Wasser befüllen, die Hefe hineinbröseln und unter Rühren auflösen. Als Nächstes die beiden Mehlsorten in eine große Schüssel füllen, den Zucker sowie das Salz hinzufügen und die Milch dazugießen. Zum Schluss das Hefewasser hinzufügen und mithilfe eines Handrührgeräts mit Knethaken zu einem homogenen Teig verrühren.

2 Nun den Backofen auf 100 °C Umluft vorheizen und eine Kastenform mit etwas Butter ausstreichen. Den Teig in die vorbereitete Form füllen und diese mit Alufolie umwickeln. Hierbei darauf achten, dass die Form luftdicht verschlossen wird.

3 Die Form in den Ofen schieben und das Brot für 12 Stunden backen. Nach Ende der Backzeit die Form aus dem Ofen nehmen, die Alufolie entfernen und das Brot aus der Form lösen. Kurz abkühlen lassen und dann das fertige Lavabrot aufschneiden und servieren.

BLAÐLAUKSGRATÍN

LAUCHGRATIN

2 Port.

1 Std.

Leicht

Zutaten

375 g Lauch
65 g saure Sahne
35 g Deichkäse
10 g Butter
Msp. Pfeffer
Msp. Thymian
Msp. Muskatnuss

Nährwerte p. P.

387 kcal
15 g Kohlenhydrate
25 g Fett
22 g Eiweiß

1 Zunächst den Lauch putzen und in kleine Stücke schneiden. Den Lauch in eine Schüssel füllen, mit reichlich kaltem Wasser aufgießen und für ca. 5 Minuten ruhen lassen.

2 In der Zwischenzeit die Butter in einen großen Topf geben und bei mäßiger Hitze schmelzen lassen. Nun den Lauch kurz abtropfen lassen und im Anschluss in der heißen Butter für ca. 5 Minuten anbraten. Währenddessen mit Muskat, Thymian und Pfeffer würzen.

3 Als Nächstes mit der sauren Sahne aufgießen, den Topf mit einem Deckel verschließen und bei schwacher Hitze für ca. 15 Minuten leise köcheln lassen. Hierbei zwischenzeitlich umrühren. Währenddessen den Backofen auf 175 °C Umluft vorheizen.

4 Nach Ende der Kochzeit den Topfinhalt in eine flache Auflaufform umfüllen, mit dem Deichkäse bestreuen und im vorgeheizten Ofen für ca. 10 Minuten backen. Nach Ende der Backzeit die Form mit etwas Alufolie bedecken und für weitere 10 Minuten im Ofen garen.

5 Das fertige Lauchgratin aus dem Backofen nehmen, auf zwei Teller verteilen und heiß genießen.

BAKARDAR MED KARAMELLUSÓSU

OFENKARTOFFELN MIT KARAMELLSOSSE

6 Port.

1 Std.

Leicht

Zutaten

1,5 kg Drillinge
80 g Butter
50 ml Öl
Thymian
Salz

Für die Karamellsoße:
120 g Zucker
50 g Butter
200 ml Sahne

Nährwerte p. P.

597 kcal
64 g Kohlenhydrate
34 g Fett
6 g Eiweiß

1 Zunächst den Backofen auf 220 °C Ober- und Unterhitze vorheizen und eine Auflaufform mit dem Öl einpinseln. Danach die Kartoffeln waschen und in Spalten schneiden. Die Kartoffelspalten in die vorbereitete Form legen und mit Salz und Thymian bestreuen. Zum Schluss noch die Butter in kleine Flöckchen zerteilen und über den Kartoffeln verteilen.

2 Die Form in den Backofen schieben und die Kartoffeln für etwa 30 Minuten backen.

3 In der Zwischenzeit die Karamellsoße zubereiten. Hierfür die Butter in einen Topf füllen und bei mäßiger Hitze schmelzen lassen. Nun den Zucker einrieseln lassen und mithilfe eines Holzlöffels einrühren, bis sich die Zuckerkristalle vollständig aufgelöst haben. Die Hitzezufuhr reduzieren und erst danach die Sahne hinzufügen. Unter Rühren für etwa 10 Minuten erhitzen, bis die Masse karamellisiert.

4 Die fertigen Ofenkartoffeln aus dem Backofen nehmen, mit der Karamellsoße beträufeln und noch warm genießen.

Fleisch

SNJÓRI MEÐ TRÖNBERJA

SCHNEEHUHN MIT MOOSBEEREN

4 Port.

4 Std. 20 Min.

Leicht

Zutaten

4 küchenfertige Schneehühner
3 Zweige Rosmarin
1 Zwiebel
1 Möhre
1 Stück Sellerie
1 Pastinake
½ Flasche Rotwein
2 EL Butter
1 EL Balsamicoessig
1 EL Moosbeerenpüree
etwas Fett für die Pfanne
Salz, Pfeffer

Nährwerte p. P.

1.037 kcal
18 g Kohlenhydrate
39 g Fett
135 g Eiweiß

1 Zunächst die Schneehühner waschen, die Bruststücke sowie Keulen abtrennen und beiseitestellen. Den Rest der Schneehühner auf ein mit Backpapier ausgelegtes Backblech legen und bei 180 °C Umluft im Backofen garen. Nach etwa 30 bis 60 Minuten die braun gerösteten Schneehuhn-Reste aus dem Ofen nehmen und beiseitestellen

2 Als Nächstes einen großen Topf mit Wasser befüllen, mit Rosmarin, schwarzem Pfeffer und Salz würzen und dann das Fleisch aus dem Ofen hineingeben. Bei mäßiger Hitze für etwa 15 Minuten kochen.

3 Nun die Pastinake, den Sellerie und die Möhre schälen, in Scheiben zerteilen und ohne Zugabe von Fett in einer Pfanne bei mäßiger Hitzezufuhr für 3 bis 4 Minuten anrösten. Das Gemüse auf einen Teller geben und in die bereits benutzte Pfanne etwas Fett füllen.

4 Kurz heiß werden lassen und dann die ausgelösten Keulen darin rundherum scharf anbraten. Die Keulen sowie das Gemüse nun zu den Schneehuhn-Resten in das kochende Wasser geben und alles zusammen für 3 bis 4 Stunden bei schwacher Hitze leise köcheln lassen.

5 Nach Ende der Kochzeit die Keulen aus dem Topf nehmen und beiseitestellen. Die Brühe anschließend durch ein feines Sieb gießen.

6 Danach die Schale der Zwiebel abziehen und fein hacken. Nochmals etwas Fett in eine Pfanne füllen, erhitzen und die Zwiebeln darin andünsten. Nach 2 bis 3 Minuten mit dem Rotwein und dem Balsamicoessig ablöschen und bei mäßiger Hitze auf ca. die Hälfte des Volumens einreduzieren.

7 Im Anschluss etwa 300 ml der Brühe dazugießen, einrühren und bei starker Hitze nochmals aufkochen lassen. Abschließend das Moosbeerenpüree unterziehen und bei Bedarf mit Salz und Pfeffer abschmecken.

8 Zuletzt noch die Butter in eine weitere Pfanne geben und die Bruststücke der Schneehühner bei mäßiger Hitze für je 1 bis 2 Minuten pro Seite anbraten. Währenddessen mit Salz und Pfeffer bestreuen. Das Fleisch kurz ruhen lassen und erst danach in Scheiben aufschneiden. Mit der Moosbeerensoße servieren und direkt genießen.

OFNLAMB Í SINNEPPSSÓSU

OFENLAMM IN SENFSOßE

4 Port.

25 Min.

Mittel

Zutaten

150 g Schalotten
2 Lammlachse
1 Bund Schnittlauch
1 Lorbeerblatt
1 Becher Sahne
2 EL körniger Senf
2 EL Öl
1 EL Butter
1 Schuss Rotweinessig
Salz, Pfeffer4

Nährwerte p. P.

393 kcal
5 g Kohlenhydrate
28 g Fett
22 g Eiweiß

1 Zunächst den Backofen auf 160 °C Umluft vorheizen und ein Backblech mit Backpapier auslegen. Anschließend das Lammfleisch unter fließendem Wasser abspülen, mit einem Küchenpapier trocken tupfen und danach mit Salz und Pfeffer bestreuen.

2 Als Nächstes das Öl in eine Pfanne füllen, erhitzen und die Lammlachse darin bei starker Hitze von beiden Seiten für je 1 bis 2 Minuten scharf anbraten. Im Anschluss mit dem Rotweinessig ablöschen, das Fleisch kurz darin wenden und dann auf das vorbereitete Backblech legen. Das Blech in den Ofen schieben und für ca. 15 bis 20 Minuten garen.

3 In der Zwischenzeit die Schale der Schalotten abziehen und grob hacken. Danach die Butter in die bereits benutzte Pfanne füllen, erhitzen und das Lorbeerblatt dazugeben. Nun die Schalottenwürfel hinzufügen, kurz mit anschwitzen und dann mit der Sahne aufgießen. Anschließend den Senf einrühren und mit Salz und Pfeffer würzen. Bei mäßiger Hitze für 2 bis 3 Minuten leise köcheln lassen.

4 Nach Ende der Garzeit das Lamm aus dem Ofen nehmen, in Scheiben schneiden und mit etwas Soße beträufeln. Den frischen Schnittlauch waschen, trocken tupfen und hacken und das Ofenlamm damit bestreuen. Direkt servieren und heiß genießen.

LAMBALÆRI Í OFNI MEÐ BLÁBERJUM

LAMMKEULE AUS DEM OFEN MIT BLAUBEEREN

4 Port.

1 Tag

Mittel

Zutaten

1 Lammkeule
400 g Blaubeeren
700 ml heißen Lammfond
100 ml Erdnussöl
50 ml Rotweinessig
3 EL Mehl
2 EL Butter
2 EL Honig
1 TL Cayennepfeffer
Salz

Nährwerte p. P.

1.019 kcal
30 g Kohlenhydrate
47 g Fett
116 g Eiweiß

1 Zunächst die Blaubeeren waschen, abtropfen lassen und anschließend in eine Schüssel füllen. Die Beeren mithilfe einer Gabel zerdrücken und im Anschluss mit dem Rotweinessig aufgießen. Nun das Erdnussöl und den Honig hinzufügen und mit Salz und Cayennepfeffer würzen.

2 Die fertige Marinade auf der Lammkeule verteilen und leicht einmassieren. Die Keule in einen Gefrierbeutel füllen und im Kühlschrank für 24 Stunden ruhen lassen.

3 Nach der Ruhzeit das Fleisch aus dem Kühlschrank nehmen und auf Zimmertemperatur kommen lassen. Anschließend den Backofen auf 220 °C Ober- und Unterhitze vorheizen und eine feuerfeste Form mit der Butter ausstreichen. Die marinierte Lammkeule aus dem Gefrierbeutel nehmen (die überschüssige Marinade hierbei aufbewahren), in die vorbereitete Form legen und in den Backofen schieben. Für etwa 15 bis 20 Minuten im Ofen garen.

4 Nach Ablauf der Garzeit die Temperatur auf 160 °C reduzieren und das Lamm mit dem heißen Fond übergießen. Für weitere 60 Minuten im Ofen garen und zwischenzeitlich mit etwas Fond übergießen.

5 Die fertige Lammkeule aus dem Ofen nehmen und warm halten. Nun die Marinade zusammen mit etwas Fond in einen kleinen Topf geben und bei starker Hitze aufkochen lassen. Im Anschluss das Mehl in ein kleines Gefäß geben, mit etwas kaltem Wasser verrühren und dann zum Fond in den Top gießen. Kräftig einrühren, bis die Flüssigkeit etwas andickt, und dann bei schwacher Hitze für etwa 10 Minuten leise köcheln lassen.

6 Die Lammkeule zusammen mit der Soße servieren und heiß genießen.

LAMBAKÚLUR MEÐ SVEPPASÓSU

LAMMBÄLLCHEN MIT PILZSOßE

4 Port. 1,5 Std. Mittel

Zutaten

1,6 kg Hackfleisch vom Lamm
150 g eingelegte Schafskäsewürfel
3 Eier
3 Knoblauchzehen
1 TL Thymian
1 TL Koriandersamen
1 TL Kreuzkümmel
Salz, Pfeffer

Für die Pilzsoße:
100 g Lärchenpilze
50 g Butter
250 ml Sahne
1 TL Blaubeermarmelade
Thymian
Salz, Pfeffer

Nährwerte p. P.

784 kcal
6 g Kohlenhydrate
47 g Fett
84 g Eiweiß

1 Zunächst das Hackfleisch in eine Schüssel füllen, die Eier hinzufügen und mit den Händen vermengen. Nun die Schale vom Knoblauch abziehen und die Zehen pressen. Den Knoblauch, den Schafskäse sowie etwas Lake zum Fleisch in die Schüssel geben und abschließend mit Thymian, Koriandersamen und Kreuzkümmel würzen sowie salzen und pfeffern. Nochmals gründlich vermengen und mit feuchten Händen zu kleinen Bällchen rollen

2 Als Nächstes den Backofen auf 180 °C Umluft vorheizen und ein Backblech mit Backpapier auslegen. Die fertigen Bällchen auf dem Blech verteilen und für ca. 20 Minuten im Ofen garen. Hierbei nach etwa der Hälfte der Zeit wenden.

3 Währenddessen die Pilze putzen. Danach die Butter in eine Pfanne füllen, bei mäßiger Hitze schmelzen lassen und die Pilze darin anschwitzen. Nach 3 bis 5 Minuten mit der Sahne aufgießen und mit Thymian, Salz und Pfeffer würzen. Bei schwacher Hitze für ca. 20 Minuten leise köcheln lassen. Nach Ende der Kochzeit die Marmelade einrühren und nochmals kurz heiß werden lassen.

4 Die fertigen Lammbällchen aus dem Ofen nehmen, mit der Pilzsoße anrichten und direkt genießen.

LAMBAFLILL SEM CARPACCIO MEÐ BLÁBERJASÓSU

LAMMFILET ALS CARPACCIO MIT BLAUBEERSOẞE

4 Port.

2 Tage

Leicht

Zutaten

500 g Lammfilet
350 g Meersalz
2 EL Zucker
1 ½ EL rote Pfefferkörner
1 TL Senfkörner
Je 1 TL Thymian, Rosmarin, Estragon, Basilikum und Oregano
Limonenpfeffer

Für die Blaubeersoße:
150 g griechischer Joghurt
2 EL Sahne
3 EL Blaubeermarmelade
1 EL der Kräutermischung, in der das Carpaccio gewälzt wurde.

Nährwerte p. P.

369 kcal
42 g Kohlenhydrate
7 g Fett
31 g Eiweiß

1 Zunächst das Lammfilet unter fließendem Wasser abspülen und mit einem Küchenpapier trocken tupfen. Nun das Meersalz in eine flache Form füllen, das Lammfilet darin wenden und im Anschluss für 1 bis 2 Stunden im Kühlschrank ruhen lassen.

2 Nach Ende der Ruhzeit das Salz abspülen und das Fleisch mit einem Küchenpapier trocken tupfen.

3 Als Nächstes die Kräuter in einen Mörser füllen, den Zucker sowie die Pfeffer- und Senfkörner hinzufügen und fein zerstoßen. Abschließend nach Belieben mit etwas Limonenpfeffer abschmecken. Das Fleisch mit der Gewürzmischung bestreuen (hierbei 1 EL zurückhalten) und leicht einarbeiten. Das gewürzte Fleisch in Frischhaltefolie einschlagen und nochmals für 24 bis 48 Stunden im Kühlschrank ziehen lassen.

4 Nach Ablauf der Ziehzeit das Fleisch aus dem Kühlschrank nehmen und auf Zimmertemperatur erwärmen lassen. Währenddessen den griechischen Joghurt in eine Schüssel füllen, die Sahne dazugeben sowie die Marmelade einrühren. Abschließend die zurückgehaltene Gewürzmischung untermischen.

5 Zum Schluss das Lamm in gleichmäßige Streifen schneiden, mit der Soße garnieren und direkt servieren.

LAMBCURRY

LAMMCURRY

4 Port.

1 Std. 20 Min.

Leicht

Zutaten

600 g Lamm
250 ml Fleischbrühe
100 ml Wasser
4 Möhren
1 Lorbeerblatt
2 EL Butter
2 EL Mehl
2 EL Currypulver
1 TL Salz
Salz, Pfeffer

Nährwerte p. P.

318 kcal
13 g Kohlenhydrate
14 g Fett
32 g Eiweiß

1 Zunächst das Lammfleisch unter fließendem Wasser abspülen, mit einem Küchenpapier trocken tupfen und in mundgerechte Würfel zerkleinern. Die Fleischwürfel in einen Topf füllen und mit der Brühe sowie dem Wasser aufgießen. Nun das Lorbeerblatt sowie 1 TL Salz hinzufügen und bei mäßiger Hitze für ca. 30 Minuten leise köcheln lassen.

2 Währenddessen die Möhren schälen, in Scheiben schneiden und nach Ablauf der Garzeit zum Fleisch in den Topf füllen. Für weitere 20 Minuten sanft kochen lassen.

3 Als Nächstes das Fleisch sowie die Möhren mithilfe einer Schöpfkelle aus dem Topf nehmen, beiseitestellen und warm halten.

4 Nun die Butter in einen zweiten Topf füllen, erhitzen und das Mehl sowie das Currypulver hinzufügen. Beides kräftig mit der Butter verrühren, kurz anschwitzen und im Anschluss portionsweise mit etwas Brühe aufgießen. Die Soße unter Rühren zum Kochen bringen, sodass sie etwas andickt. Zum Abschluss mit Salz und Pfeffer abschmecken.

5 Die Möhren sowie das Fleisch in die Soße geben, kurz heiß werden lassen und das fertige Lammcurry dann servieren.

SNJÓRI Í HINBERBERJASÓSU

SCHNEEHUHN IN HIMBEERSOẞE

6 Port.

50 Min.

Leicht

Zutaten

150 g Himbeeren
2 ausgenommene Schneehühner ohne Haut
2 Zwiebeln
150 ml Wildfond
100 ml Sahne
50 ml Portwein
2 EL Zitronenmelisse
Öl
Salz, Pfeffer

Nährwerte p. P.

567 kcal
4 g Kohlenhydrate
29 g Fett
70 g Eiweiß

1 Zunächst den Backofen auf 180 °C Umluft vorheizen und eine feuerfeste Form bereitstellen.

2 Als Nächstes die ausgenommenen Schneehühner unter fließendem Wasser gründlich waschen und mit einem Küchenpapier trocken tupfen. Anschließend etwas Öl in eine Pfanne füllen, erhitzen und die Schneehühner darin bei starker Hitze von allen Seiten scharf anbraten.

3 Die Schneehühner rundherum mit Salz und Pfeffer würzen, in die Form umfüllen und für ca. 8 Minuten im Ofen garen. Nach Ablauf der Garzeit den Backofen ausschalten und die Hühner für weitere 5 bis 10 Minuten im Ofen ruhen lassen.

4 Währenddessen die Schale der Zwiebeln abziehen und fein hacken sowie die Zitronenmelisse waschen, trocken tupfen und ebenfalls hacken. Nochmals etwas Öl in die bereits verwendete Pfanne füllen, erhitzen und beides darin bei mäßiger Hitze anschwitzen.

5 Nach 2 bis 3 Minuten mit dem Portwein ablöschen. Danach die Himbeeren dazugeben, untermischen und für weitere 4 bis 5 Minuten einkochen lassen. Abschließend mit dem Wildfond und der Sahne aufgießen und für ein paar Minuten erhitzen (nicht kochen).

6 Die fertigen Schneehühner aus dem Ofen nehmen und zusammen mit der Himbeersoße servieren und genießen.

Fisch

MÚRSTEINSÞURRRÚLLUR MEÐ STEIFFISKA OG GÚRKUM

BRICKTEIGROULADE MIT STOCKFISCH UND GURKEN

4 Port.

14 Std.

Mittel

Zutaten

Für die Gurken:
80 g Zucker
1 Salatgurke
100 ml Wasser
75 ml Apfelessig
2 EL zerstoßene Koriandersamen

Für die Brickteigrouladen:
500 g Stockfisch
350 g mehligkochende Kartoffeln
2 Knoblauchzehen
2 Blätter Fertig-Brickteig
800 ml Milch
1 EL frische Petersilie
1 TL frischer Majoran
Muskat
Öl

Für den Dip:
200 g Crème fraîche
2 EL Sahnemeerrettich
Zitronensaft
Salz, Pfeffer

Nährwerte p. P.

987 kcal
55 g Kohlenhydrate
35 g Fett
110 g Eiweiß

1 Zunächst den Zucker in eine Pfanne füllen und erhitzen, bis der Zucker zu karamellisieren beginnt. Nun 100 ml Wasser und den Apfelessig dazugießen. Abschließend die Koriandersamen unterrühren und die Marinade leicht abkühlen lassen.

2 Als Nächstes die Schale der Gurke entfernen, der Länge nach vierteln und anschließend in Stücke schneiden. Die Gurkenstückchen in die Marinade geben, kurz vermengen und dann über Nacht durchziehen lassen.

3 Danach den Stockfisch in eine große Schüssel legen und mit reichlich kaltem Wasser aufgießen. Den Fisch für mindestens 12 Stunden ruhen lassen und hierbei das Wasser zwischenzeitlich mehrfach austauschen. Nach Ende der Ruhzeit den Fisch in ein Sieb abkippen und abtropfen lassen.

4 Nun den Fisch in einen Topf geben und mit der Milch aufgießen. Im Anschluss die Schale vom Knoblauch entfernen und die Zehen zum Fisch pressen. Nun den Topf mit einem Deckel leicht abdecken und den Fisch bei mäßiger Hitze kurz aufkochen lassen.

5 Anschließend die Herdplatte ausschalten, den Topf jedoch auf der Herdplatte lassen und den Fisch für weitere 10 Minuten ziehen lassen. Erst danach den Stockfisch aus der Milch nehmen und abtropfen lassen.

6 Während der Fisch abkühlt, nun die Schale der Kartoffeln entfernen und anschließend in den Topf mit der bereits verwendeten Milch geben. Die Kartoffeln bei mäßiger Hitze für ca. 30 Minuten in der Milch gar kochen.

7 Nach Ende der Garzeit die Kartoffeln in ein Sieb abkippen, ausdampfen lassen und danach durch eine Kartoffelpresse drücken.

8 Als Nächstes die Sehnen sowie die Haut vom Fisch entfernen, den Fisch leicht zerzupfen und dann unter das Kartoffelmus heben. Abschließend mit Majoran und Petersilie würzen sowie mit etwas Muskatnuss abschmecken.

9 Die fertige Kartoffel-Fisch-Masse auf den Brickteigblättern verteilen. Hierbei darauf achten, am Rand ein wenig Platz zu lassen. Den Rand mit Eiweiß bepinseln und erst danach die Blätter zu einer Art Roulade einrollen. Die Ränder nun leicht andrücken und die Rouladen somit verschließen.

10 Abschließend etwas Öl in eine große Pfanne füllen, erhitzen und die Rouladen bei mäßiger Hitze rundherum für etwa 7 bis 10 Minuten ausbacken. Die fertigen Rouladen auf einen mit Küchenpapier ausgelegten Teller legen und abtropfen lassen.

11 Zum Schluss noch den Meerrettich in eine Schüssel geben, die Crème fraîche hinzufügen und kräftig verrühren. Mit Zitronensaft, Salz und Pfeffer abschmecken.

12 Die fertigen Brickteigrouladen mit Stockfisch aufschneiden, mit den karamellisierten Gurken toppen und mit einem Klecks Meerrettich-Dip servieren.

BAKAÐUR ÞORSKFISKUR MEÐ EGGJUM OG KARTÖFLUM

ÜBERBACKENER STOCKFISCH MIT EIERN UND KARTOFFELN

4 Port.

19 Std.

Mittel

Zutaten

1 kg Kartoffeln
400 g Stockfisch
3 Eier
2 Zweige Petersilie
2 Zwiebeln
100 ml Fischfond
50 ml Olivenöl
Öl
Pfeffer

Nährwerte p. P.

788 kcal
41 g Kohlenhydrate
28 g Fett
91 g Eiweiß

1 Zunächst den Stockfisch in eine große Schüssel geben, mit kaltem Wasser aufgießen und über Nacht ruhen lassen. Am nächsten Morgen das Wasser austauschen und den Fisch für weitere 6 Stunden wässern. Den Fisch im Anschluss in ein Sieb abkippen, in einen Topf geben und mit frischem Wasser aufgießen. Bei mäßiger Hitze für ca. 15 Minuten kochen und im Anschluss abgießen und abtropfen lassen

2 Als Nächstes die Sehnen und die Haut entfernen und den Fisch in mundgerechte Stücke zerteilen. Danach die Schale der Kartoffel entfernen und zu sehr dünnen und schmalen Streifen schneiden. Einen Topf mit Wasser aufsetzen, aufkochen lassen und die Kartoffelstreifen darin für etwa 1 Minute blanchieren.

3 Anschließend abtropfen lassen und währenddessen einen Topf mit reichlich Öl befüllen und erhitzen. Die blanchierten Kartoffelstreifen im heißen Fett goldbraun ausfrittieren, auf einen mit Küchenpapier ausgelegten Teller geben und abtropfen lassen.

4 Nun die Schale der Zwiebeln entfernen und diese in Streifen schneiden sowie die Petersilie waschen, trocken tupfen und hacken. Nun die Eier in ein Gefäß aufschlagen und mit einer Gabel verquirlen.

5 Als Nächstes das Olivenöl in einen Topf füllen, bei mäßiger Hitze heiß werden lassen und dann die vorbereiteten Zwiebeln, die Kartoffelstreifen, den Stockfisch und die Petersilie hineingeben. Den Topf mit einem Deckel verschließen und alle Zutaten kurz schmoren lassen. Bei Bedarf mit etwas Fischfond angießen. Zuletzt die Eier hinzufügen und unter Rühren etwas stocken lassen.

6 Im Anschluss den Backofen auf 200 °C Umluft erhitzen, die Masse in eine feuerfeste Form umfüllen und im Ofen für ca. 10 bis 15 Minuten backen. Nach Ende der Backzeit mit frischem Pfeffer bestreuen und den fertigen überbackenen Stockfisch direkt servieren und heiß genießen.

ÞORSKFISKUR MEÐ ÞURKAÐUM ÁVENDUM

STOCKFISCH AN GETROCKNETEN FRÜCHTEN

4 Port.

2 Tage

Mittel

Zutaten

600 g Stockfisch
500 g Tomaten
50 g Pinienkerne
20 g Petersilie
8 Trockenpflaumen
2 Knoblauchzehen
1 Zwiebel
1 Handvoll Basilikumblätter
5 EL Olivenöl
2 EL Rosinen
Salz, Pfeffer

Nährwerte p. P.

774 kcal
16 g Kohlenhydrate
23 g Fett
124 g Eiweiß

1 Zunächst den Stockfisch in eine große Schüssel legen und mit reichlich kaltem Wasser aufgießen. Den Fisch für mindestens 12 Stunden ruhen lassen und hierbei das Wasser zwischenzeitlich mehrfach austauschen. Nach Ende der Ruhzeit den Fisch in ein Sieb abkippen und abtropfen lassen.

2 Am Tag der Zubereitung die Pflaumen und die Rosinen ebenfalls in eine Schüssel füllen, mit kaltem Wasser auffüllen und einweichen lassen. Nach einigen Stunden in ein Sieb abkippen und gut abtropfen lassen.

3 Als Nächstes einen Topf mit Wasser befüllen, aufkochen lassen und sowohl die Tomaten als auch den vorbereiteten Stockfisch kurz damit übergießen. Im Anschluss die Gräten, Sehnen und die Haut vom Fisch entfernen und in mundgerechte Stücke zerkleinern. Danach die Haut der Tomaten vorsichtig abziehen, den Strunk heraustrennen und das Fruchtfleisch hacken. Hierbei die Kerne entfernen.

4 Nun die Schale der Zwiebel abziehen und diese in kleine Würfel schneiden sowie den Knoblauch schälen und fein hacken. Danach die Petersilie waschen, trocken tupfen und hacken.

5 Anschließend die Pinienkerne in eine Pfanne füllen und ohne Zugabe von Fett bei mäßiger Hitze anrösten. Die fertigen Pinienkerne auf einen Teller kippen und abkühlen lassen.

6 Als Nächstes das Olivenöl in eine Pfanne füllen, erhitzen und die vorbereiteten Zwiebeln sowie den Knoblauch bei mäßiger Hitze für 1 bis 2 Minuten anschwitzen. Anschließend den Fisch sowie die Pflaumen und Rosinen hinzufügen.

7 Kurz mit anschwitzen und dann die Tomaten sowie die Petersilie untermischen. Nach Belieben mit Salz und Pfeffer würzen und bei schwacher Hitze für ca. 20 bis 25 Minuten leise köcheln lassen. Hierbei den Topf mit einem Deckel leicht verschließen.

8 Den fertigen Stockfisch an getrockneten Früchten auf vier Teller verteilen, mit den gerösteten Pinienkernen bestreuen und mit etwas frischem Basilikum garnieren. Direkt servieren und genießen.

LAXSHÖKKBRAUÐ KORSTAÐ MEÐ RAUÐK ÁLSSALATI

ÜBERBACKENER LACHS MIT KNÄCKEBROTKRUSTE UND ROTKOHLSALAT

4 Port.

50 Min.

Mittel

Zutaten

800 g Island Lachsfilets mit Haut
600 g Rotkohl
120 g Knäckebrot
6 Radieschen
1 Orange
1 Bund Schnittlauch
1 Bund Dill
1 Tasse Butter
1 Tasse Sonnenblumenöl
5 EL Honig
4 EL weiche Butter
3 EL scharfer Senf
2 EL Haselnüsse
2 EL Traubenkernöl
1 EL körniger Senf
Zucker
Salz, Pfeffer

Nährwerte p. P.

1.336 kcal
50 g Kohlenhydrate
100 g Fett
55 g Eiweiß

1 Zunächst den Strunk sowie die äußeren Blätter vom Rotkohl entfernen und mithilfe eines Küchenhobels in schmale Streifen zerkleinern. Die Kohlstreifen in eine Schüssel füllen und mit 1 EL Salz und 1 TL Zucker vermengen und im Anschluss etwas ruhen lassen. Die Kohlstreifen in einem Sieb abtropfen lassen.

2 Als Nächstes die Orange abwaschen, trocken reiben und die Schale mithilfe einer Reibe fein raspeln. Danach die Orange halbieren und den Saft herauspressen. Die Rotkohlstreifen in eine Schüssel füllen, die Haselnusskerne sowie den Orangenabrieb dazugeben und mit dem Traubenkernöl sowie dem Orangensaft aufgießen. Mit Salz und Pfeffer würzen und gründlich vermengen.

3 Nun das Knäckebrot in einen Gefrierbeutel füllen und grob zerbröseln. Anschließend die Radieschen waschen und in feine Würfel zerteilen sowie den Schnittlauch waschen, trocken tupfen und in schmale Streifen schneiden. Beides in eine Schüssel füllen, die Knäckebrotbrösel hinzufügen und dann mit der weichen Butter vermengen. Nach Belieben mit etwas Salz und Pfeffer abschmecken.

4 Als Nächstes den Backofen auf 200 °C Umluft vorheizen und eine Auflaufform mit etwas Öl auspinseln. Danach den Lachs unter fließendem Wasser abspülen, mit einem Küchenpapier trocken tupfen und von beiden Seiten mit Salz und Pfeffer bestreuen.

5 Nun den Fisch in die vorbereitete Auflaufform legen (hierbei darauf achten, dass die Hautseite unten liegt) und die vorbereitete Knäckebrot-Mischung auf dem Lachs verstreichen. Die Form in den Backofen schieben und den Fisch für ca. 10 bis 15 Minuten garen.

6 In der Zwischenzeit die Butter und das Öl in einen Topf füllen, bei mäßiger Hitze und unter Rühren aufkochen lassen und dann den Topf vom Herd ziehen. Den Senf dazugeben und mithilfe eines Pürierstabs fein mixen. Im Anschluss den Dill waschen, trocken tupfen und hacken und zusammen mit dem Honig in den Senf-Mix einrühren. Abschließend mit etwas Salz und Pfeffer abschmecken.

7 Den fertigen überbackenen Lachs aus dem Ofen nehmen, kurz abkühlen lassen und dann zusammen mit dem Rotkohl sowie der Senf-Soße servieren.

PLOKKFISKUR

GESCHICHTETER FISCH

4 Port.

40 Min.

Leicht

Zutaten

500 g Schellfisch oder Dorsch
500 g Kartoffeln
50 g Butter
1 Zwiebel
400 ml Milch
3 EL Mehl
1 EL Senf
½ TL Salz
1 Prise Pfeffer

Nährwerte p. P.

414 kcal
36 g Kohlenhydrate
18 g Fett
32 g Eiweiß

1 Zunächst die Kartoffeln waschen, in einen Topf füllen und mit Wasser aufgießen. Etwas Salz dazugeben und die Kartoffeln für 20 bis 25 Minuten bei mäßiger Hitze kochen. Die fertigen Kartoffeln in ein Sieb abkippen, ausdampfen lassen, vorsichtig pellen und dann in Scheiben schneiden.

2 Als Nächstes erneut einen Topf mit Wasser füllen, etwas Salz und Pfeffer dazugeben und den Fisch darin bei mäßiger Hitze für ca. 20 Minuten garen. Nach Ende der Garzeit den Fisch aus dem Topf nehmen, auf einen Teller geben und abkühlen lassen.

3 Danach die Schale der Zwiebel abziehen und diese würfeln. Die Zwiebelwürfel in eine Pfanne geben und ohne Zugabe von Fett bei schwacher Hitze kurz anrösten. Im Anschluss den Senf hinzufügen, kurz anschwitzen und dann mit der Milch aufgießen. Gründlich verrühren und dann das Mehl einrieseln lassen. Mit einem Schneebesen kräftig einarbeiten, sodass sich keine Klumpen bilden

4 Zum Schluss den vorgegarten Fisch und die Kartoffelscheiben in die Soße geben und vorsichtig unterheben. Abschließend mit etwas zerlassener Butter beträufeln und dann den geschichteten Fisch servieren und warm genießen.

FISKÍBOLLUR

FISCHBÄLLCHEN

 4 Port.
 45 Min.
 Mittel

Zutaten

500 g Schellfischfilet
250 g TK-Erbsen
150 g Mehl
50 g Speisestärke
8 festkochende Kartoffeln
2 Zwiebeln
2 Eier
2 EL Butter
Salz, Pfeffer, Muskat

Nährwerte p. P.

530 kcal
75 g Kohlenhydrate
9 g Fett
38 g Eiweiß

1 Zunächst die Kartoffeln waschen, in einen Topf füllen und mit reichlich Wasser aufgießen. Das Wasser leicht salzen und die Kartoffeln bei mäßiger Hitze für ca. 20 Minuten kochen. Nach Ende der Kochzeit die Kartoffeln in ein Sieb abkippen, ausdampfen lassen, vorsichtig pellen und dann in Scheiben schneiden.

2 In der Zwischenzeit die Schale der Zwiebel abziehen und diese fein hacken. Die Zwiebeln in eine Schüssel füllen, den Fisch, das Mehl sowie die Stärke hinzufügen und alles ausgiebig vermischen. Abschließend die Eier in ein Gefäß aufschlagen, mit einer Gabel verquirlen und dann mit in die Schüssel geben. Mit etwas Muskat, Salz und Pfeffer würzen und nochmals gründlich durchmengen.

3 Aus der Masse Bällchen formen (ca. 3 cm Durchmesser) und diese auf einem Teller sammeln. Nun einen Topf mit Wasser befüllen, aufkochen lassen und die Erbsen darin für 2 bis 3 Minuten blanchieren. Die fertigen Erbsen in ein Sieb abgießen und abtropfen lassen.

4 Zum Schluss die Butter in eine Pfanne füllen, erhitzen und die vorbereiteten Fischbällchen bei mäßiger Hitze rundherum für 5 bis 8 Minuten goldbraun braten.

5 Die fertigen Fischbällchen zusammen mit den Kartoffelscheiben sowie den Erbsen anrichten. Direkt servieren und warm genießen.

SKOÐAÐUR ÞORSKUR MEÐ KARTÖFLUM

POCHIERTER DORSCH MIT KARTOFFELN

4 Port.

13 Std.

Leicht

Zutaten

4 Dorschfilets
600 g Kartoffeln
50 g Butter
Salz

Nährwerte p. P.

455 kcal
48 g Kohlenhydrate
12 g Fett
35 g Eiweiß

1 Zunächst die Dorschfilets auf ein Brett legen, mit ausreichend Salz bedecken und so für ca. 12 Stunden im Kühlschrank ziehen lassen. Anschließend einen Topf mit etwas Wasser befüllen, salzen und aufkochen lassen. Die Kartoffeln in das kochende Wasser geben und für etwa 20 Minuten kochen. Die fertigen Kartoffel in ein Sieb abkippen und ausdampfen lassen.

2 Währenddessen den Dorsch aus dem Kühlschrank holen, überschüssiges Salz abstreifen und die Filets in Stücke zerteilen.

3 Als Nächstes einen zweiten Topf mit Wasser befüllen und die Fischfilets hineingeben. Nun den Topf auf den Herd stellen und das Wasser bei starker Hitze kurz aufkochen lassen. Im Anschluss den Topf von der Herdplatte ziehen, mit einem Deckel verschließen und den Fisch im heißen Wasser für ca. 4 bis 5 Minuten garziehen.

4 In der Zwischenzeit die Butter in eine Pfanne füllen und bei schwacher Hitze schmelzen lassen. Nun die Kartoffeln auf ein Brettchen legen und mithilfe einer Gabel grob zerdrücken. Die zerdrückten Kartoffeln auf vier Tellern anrichten, mit dem Fischfilet toppen und anschließend mit der geschmolzenen Butter beträufeln. Den pochierten Dorsch servieren und direkt genießen.

BJÓRSLAÐUR TORSKUR MEÐ RARBARBARA CHUTNEY

DORSCH IM BIERTEIG MIT RHABARBER-CHUTNEY

4 Port.

40 Min.

Leicht

Zutaten

800 g Dorschfilet
400 g mehligkochende Kartoffeln
160 g Zucker
4 Scheiben Roggenbrot
4 rote Zwiebeln
2 Zweige Thymian
1 Zwiebel
600 ml Milch
100 ml weißer Aceto balsamico
100 ml Rotwein
2 EL Butter
1 EL Mehl
Meersalz, Salz, Pfeffer

Nährwerte p. P.

649 kcal
81 g Kohlenhydrate
13 g Fett
46 g Eiweiß

1 Zunächst einen Topf mit reichlich Wasser befüllen und salzen. Anschließend die Kartoffeln waschen, in den Topf geben und bei mäßiger Hitze für 20 bis 25 Minuten kochen. Währenddessen den Backofen auf 120 °C Umluft vorheizen und ein Backblech ausfetten.

2 Als Nächstes den Kabeljau waschen, mit einem Küchenpapier trocken tupfen und dann mit Salz und Pfeffer würzen. Die Filets auf das vorbereitete Blech legen, in den Ofen schieben und für 20 Minuten backen.

3 Danach die fertigen Kartoffeln in ein Sieb abkippen, ausdampfen lassen, pellen und würfeln. Im Anschluss die Schale der Zwiebel abziehen und fein hacken. Nun die Butter in eine Pfanne füllen und bei mäßiger Hitzezufuhr schmelzen lassen.

4 Die Zwiebelwürfel darin für 1 bis 2 Minuten andünsten und dann mit Mehl bestäuben. Nochmals kurz anschwitzen und dann mit der Milch aufgießen und kräftig mit einem Schneebesen verrühren. Die Soße bei schwacher Hitze für ca. 20 Minuten sanft köcheln lassen

5 Nach Ende der Kochzeit die Kartoffelwürfel unterheben und leicht mit einer Gabel zerdrücken. Danach den Fisch aus dem Backofen nehmen und die Filets mithilfe von zwei Gabeln leicht zerzupfen. Den Fisch zu den Kartoffeln geben, untermischen und abschließend mit Salz und Pfeffer abschmecken.

6 Für die Zwiebelmarmelade zunächst die Schale der roten Zwiebeln abziehen, würfeln und in einen Topf füllen. Nun mit dem Zucker sowie dem Thymian und einer Prise Meersalz bestreuen und dann mit dem Essig und dem Rotwein aufgießen. Bei mäßiger Hitze aufkochen lassen und dann unter Rühren einreduzieren, bis die Flüssigkeit vollständig verkocht ist.

7 Zuletzt das Brot in Scheiben schneiden, das vorbereitete Dorsch-Kartoffelpüree darauf verteilen und mit etwas Zwiebelmarmelade toppen. Direkt servieren und genießen.

LAX Á KARTÖFLUPÖNNUKÖKUR MEÐ BLÁBERJA CHUTNEY

LACHS AUF KARTOFFELPFANNKUCHEN MIT BLAUBEERCHUTNEY

4 Port.

45 Min.

Mittel

Zutaten

600 g Lachsfilet mit Haut
400 g Blaubeeren
200 g festkochende Kartoffeln
120 g Mehl
80 g flüssige Butter
2 Zwiebeln
2 Eier
1 Kressebeet
120 ml Milch
120 ml Buttermilch
100 ml Apfelsaft
2 EL Rohrzucker
2 EL Apfelessig
1 TL Senfkörner
Salz
weißer Pfeffer
Butterfett zum Anbraten
Öl zum Anbraten
Butter zum Anbraten

Nährwerte p. P.

797 kcal
58 g Kohlenhydrate
41 g Fett
45 g Eiweiß

1 Zunächst die Blaubeeren in ein Sieb füllen, gründlich waschen und ausgiebig abtropfen lassen. In der Zwischenzeit die Schale einer Zwiebel abziehen und diese hacken. Die Zwiebel in einen Topf füllen, die Blaubeeren sowie die Senfkörner dazugeben und mit dem Zucker bestreuen. Anschließend mit dem Essig sowie dem Apfelsaft begießen und bei mäßiger Hitze unter Rühren für ca. 5 Minuten einkochen lassen. Nun den Topf vom Herd nehmen und die Blaubeer-Masse ziehen lassen

2 Währenddessen die Milch, die Buttermilch und die Eier in eine Schüssel geben und mithilfe eines Pürierstabs fein mixen. Anschließend mit Salz und Pfeffer würzen und erst danach das Mehl dazusieben. Nun die zweite Zwiebel schälen und mithilfe einer Reibe sehr fein raspeln. Die Zwiebel in den Teig geben und ausgiebig untermischen.

3 Als Nächstes die Schale der Kartoffeln schälen, ebenfalls fein raspeln und dann in ein Geschirrhandtuch einschlagen. Die Flüssigkeit aus der Kartoffelmasse pressen und diese im Anschluss unter den Teig mischen. Zum Schluss noch die Kresse waschen und ca. die Hälfte davon ebenfalls in den Teig einrühren sowie die Butter einarbeiten.

4 Nun etwas Butter in eine Pfanne füllen, erhitzen und portionsweise etwas Teig in das heiße Fett geben. Die Pfanne schwenken und auf diese Weise 4 Pfannkuchen backen. Bei mäßiger Hitze für je 2 bis 4 Minuten pro Seite goldbraun backen. Die fertigen Pfannkuchen warm halten.

5 Anschließend den Lachs in vier Teile zerschneiden und diese jeweils mit Salz und Pfeffer bestreuen. Eine Pfanne mit etwas Pflanzenöl befüllen, erhitzen und dann die Lachsteile, mit der Hautseite nach unten liegend, bei mäßiger Hitze für ca. 5 Minuten anbraten. Dann den Lachs wenden, nochmals etwas Butter in die Pfanne füllen und den Fisch für weitere 5 Minuten garen.

6 Den fertigen Lachs auf dem Pfannkuchen anrichten, mit etwas Blaubeer-Chutney toppen und mit der restlichen Kresse bestreuen. Servieren und genießen.

STAÐAÐUR STEFFISKUR MEÐ KARTÖFLU

GESCHMORTER STOCKFISCH MIT KARTOFFELN

4 Port.

1 Tag

Leicht

Zutaten

1 kg festkochende Kartoffeln
250 g Stockfisch
2 Zwiebeln
2 Lorbeerblätter
400 ml Fischfond
6 EL Olivenöl
3 EL Parmesan
1 EL Tomatenmark
1 TL edelsüßes Paprikapulver
Cayennepfeffer
Salz, Pfeffer

Nährwerte p. P.

563 kcal
47 g Kohlenhydrate
32 g Fett
18 g Eiweiß

1 Zunächst den Stockfisch in eine große Schüssel legen und mit reichlich kaltem Wasser aufgießen. Den Fisch für mindestens 12 Stunden ruhen lassen und hierbei das Wasser zwischenzeitlich mehrfach austauschen. Nach Ende der Ruhzeit den Fisch in ein Sieb abkippen und abtropfen lassen.

2 Als Nächstes die Schale der Kartoffeln entfernen und diese in gleichmäßige dünne Scheiben aufschneiden sowie die Schale der Zwiebel abziehen und diese in schmale Ringe zerteilen.

3 Nun 4 EL Olivenöl in einen ofenfesten Topf füllen, erhitzen und die Zwiebelringe bei mäßiger Hitze für 1 bis 2 Minuten darin anschwitzen. Danach das Tomatenmark dazugeben, kurz mit anrösten und dann mit dem Fischfond ablöschen.

4 Im Anschluss die vorbereiteten Kartoffelscheiben hinzufügen, die Lorbeerblätter dazugeben und alles mit Paprikapulver, Salz, Pfeffer sowie Cayennepfeffer würzen. Den Topf mit einem Deckel verschließen und für ca. 5 Minuten schmoren lassen. Währenddessen den Backofen auf 180 °C Umluft vorheizen

5 Als Nächstes den Fisch mit in den Topf geben und vorsichtig unter das Gemüse heben. Den Topf erneut verschließen, in den Backofen schieben und den Fisch für ca. 20 bis 25 Minuten backen.

6 Nach Ende der Backzeit den Topf aus dem Ofen nehmen, öffnen und oberflächlich mit etwas Parmesan bestreuen und mit dem restlichen Öl beträufeln. Den Topf (ohne Deckel) nochmals in den Ofen schieben und bei 220 °C Umluft erneut kurz backen.

7 Den fertig geschmorten Stockfisch direkt servieren und heiß genießen.

Snacks und Fingerfood

ÞUNGAR KARTÖFLUVÖFFLU MEÐ LAX OG HROGN

HERZHAFTE KARTOFFELWAFFELN MIT LACHS UND ROGEN

10 Port.

50 Min.

Leicht

Zutaten

500 g festkochende Kartoffeln
300 g Räucherlachs
1 rote Zwiebel
1 Zitrone
1 Bund Dill
125 ml Milch
3 TL Butter
Sauerrahm
Kapern
Lachs- oder Forellen-Rogen
etwas Öl
Salz, Pfeffer

Nährwerte p. P.

159 kcal
10 g Kohlenhydrate
9 g Fett
9 g Eiweiß

1 Zunächst die Kartoffeln schälen, zerkleinern und in einen Topf füllen. Mit Wasser aufgießen, leicht salzen und anschließend bei starker Hitzezufuhr für ca. 20 Minuten weich kochen. Nach Ende der Kochzeit die Kartoffeln abgießen, zurück in den Topf geben und mithilfe eines Kartoffelstampfers zerstampfen. Währenddessen 125 ml Milch dazugießen und 3 TL Butter einrühren. Mit Salz und Pfeffer abschmecken.

2 Als Nächstes ein Waffeleisen erhitzen und mit etwas Öl auspinseln. Nun portionsweise etwas Kartoffelmasse in das Waffeleisen geben und nacheinander die Waffeln ausbacken.

3 Die Kartoffelwaffeln mit etwas Lachs belegen und mit einem Klecks Sauerrahm toppen. Abschließend die Zwiebel schälen, hacken und die Zwiebelwürfel sowie die Kapern auf den Waffeln drapieren

4 Danach mit den Lachs- oder Forellen-Rogen garnieren, die Zitrone halbieren und einige Tropfen Zitronensaft darüberträufeln. Zum Schluss mit etwas frischem Dill sowie schwarzem Pfeffer bestreuen und die fertigen Kartoffelwaffeln noch lauwarm servieren.

BJÓRBRAUÐSAMMAKA

BIERBROT-SANDWICH

 4 Port.

 2 Std.

 Leicht

Zutaten

500 g Weizenmehl
200 g Rohrzucker
50 g Rucola
4 Hüftsteaks
500 ml Bier
2 EL Öl
1 TL Gewürznelkenpulver
1 TL Backpulver
1 TL Salz
½ TL Zimt
Butter, Mehl
Salz, Pfeffer

Für die Sauce:
2 Essiggurken
2 Knoblauchzehen
1 Zwiebel
1 rote Paprikaschote
4 EL Ketchup
2 EL scharfer Senf

Nährwerte p. P.

438 kcal
39 g Kohlenhydrate
12 g Fett
42 g Eiweiß

1 Zunächst das Mehl in eine Schüssel füllen, den Rohrzucker dazugeben und dann das Backpulver sowie das Nelkenpulver, den Zimt und das Salz untermischen. Danach das Bier hinzugießen und mithilfe eines Handrührgeräts mit Knethaken zu einem Teig verrühren.

2 Als Nächstes eine Kastenform mit Butter ausstreichen und anschließend mit etwas Mehl bestäuben sowie den Backofen auf 180 °C Umluft vorheizen. Nun den Teig in die vorbereitete Form füllen, in den Ofen schieben und für ca. 60 bis 75 Minuten goldgelb ausbacken. Nach Ende der Backzeit die Form aus dem Ofen nehmen, das Brot kurz auskühlen lassen und dann vorsichtig aus der Kastenform stürzen.

3 Danach die Steaks von beiden Seiten mit Salz und Pfeffer bestreuen und anschließend das Öl in eine Pfanne geben. Bei mäßiger Hitze heiß werden lassen und die vorbereiteten Steaks darin für je 3 Minuten pro Seite anbraten. Im Anschluss in Alufolie einschlagen und das Fleisch ruhen lassen.

4 In der Zwischenzeit den Knoblauch und die Zwiebel schälen und jeweils sehr fein hacken. Danach die Essiggurken klein würfeln und die Paprika waschen, das Kerngehäuse heraustrennen und ebenfalls in sehr kleine Würfel schneiden. Das vorbereitete Gemüse in eine Schüssel füllen, den Ketchup sowie den Senf hinzufügen und gründlich vermengen. Währenddessen mit Salz abschmecken. Zum Schluss noch den Rucola waschen, trocken tupfen und bei Bedarf zerkleinern.

5 Nun vom Brot 8 Scheiben abschneiden und 4 der Scheiben mit dem Rucola belegen. Anschließend die Steaks aus der Alufolie nehmen und jedes Steak horizontal halbieren. Je eine Steakscheibe auf den Rucola legen, mit etwas Sauce bestreichen und dann die zweite Steakscheibe darauflegen. Nochmals mit etwas Sauce bestreichen, mit Rucola belegen und dann mit einer zweiten Brotscheibe toppen.

6 Das fertige Bierbrot-Sandwich bei Bedarf durchschneiden und im Anschluss direkt servieren und genießen.

RIESENGARNELEN AUF SALBEI

1 Port.

10 Min.

Leicht

Zutaten

3 küchenfertige Riesengarnelen
1 Knoblauchzehe
3 Salbeiblätter
1 Zitrone
2 EL Olivenöl
schwarzes Lava-Meersalz

Nährwerte p. P.

203 kcal
5 g Kohlenhydrate
16 g Fett
11 g Eiweiß

1 Zunächst die küchenfertigen Riesengarnelen unter fließendem Wasser gründlich waschen und mit einem Küchenpapier trocken tupfen. Anschließend den Salbei waschen und ebenfalls trocken tupfen. Nun den Knoblauch schälen und sehr fein hacken sowie die Zitrone waschen und zwei Scheiben abschneiden.

2 Als Nächstes das Öl in eine Pfanne geben, bei mäßiger Hitzezufuhr heiß werden lassen und anschließend die Salbeiblätter hineingeben. Für 1 bis 2 Minuten von beiden Seiten frittieren, bis der Salbei kross gebacken ist. Die Salbeiblätter aus der Pfanne nehmen und auf einem mit Küchenpapier ausgelegten Teller abtropfen lassen.

3 In der Zwischenzeit den Knoblauch in die Pfanne geben und in dem bereits benutzten Öl kurz anschwitzen. Nach einigen Sekunden die Garnelen hinzufügen und bei mäßiger Hitze für 5 bis 6 Minuten garen. Hierbei vorsichtig wenden.

4 Nach Ende der Garzeit die Salbeiblätter auf einer Platte verteilen und die fertigen Garnelen darauf drapieren. Mit den Zitronenscheiben garnieren und mit etwas schwarzem Lava-Salz bestreuen. Direkt servieren und genießen.

Desserts

FROSIÐ SKYR MEÐ BÆRJUM

FROZEN SKYR MIT BEEREN

4 Port.

4 Std.

Leicht

Zutaten

600 g isländischer Skyr
75 g Puderzucker
300 ml Sahne
frische Früchte wie Blau-/Erd-/Himbeeren
Kokosflocken
gehackte Nüsse
Krokant

Nährwerte p. P.

387 kcal
33 g Kohlenhydrate
20 g Fett
19 g Eiweiß

1 Zunächst den Skyr in eine Schüssel füllen und mit dem Puderzucker vermischen. Anschließend die Sahne in ein hohes Gefäß füllen und mithilfe eines Handrührgeräts aufschlagen. Die steife Sahne vorsichtig unter den Skyr heben.

2 Als Nächstes die Masse in ein flaches Gefäß streichen und für ca. 3 bis 4 Stunden in das Gefrierfach geben. Hierbei etwa alle 30 Minuten mit einem Löffel vorsichtig umrühren.

3 Nach Ende der Frostzeit das Gefäß aus dem Gefrierfach nehmen und den Frozen Skyr gleichmäßig auf vier Schälchen verteilen. Nach Belieben mit den frischen Beeren, Kokosflocken und Nüssen toppen und mit etwas Krokant bestreuen. Direkt servieren und eiskalt genießen.

KAKOSUPA

SCHOKOLADENSUPPE

4 Port. 20 Min. Leicht

Zutaten

1 Vanilleschote
750 ml Milch
250 ml Wasser
5 EL Backkakao
5 EL Zucker
2 TL Kartoffelstärke
1 Prise Zimt

Nährwerte p. P.

121 kcal
10 g Kohlenhydrate
6 g Fett
6 g Eiweiß

1 Zunächst das Wasser in einen kleinen Topf füllen und aufkochen lassen. Nun den Backkakao sowie den Zucker hinzufügen und mithilfe eines Schneebesens kräftig einrühren. Bei mäßiger Hitze für ca. 3 bis 5 Minuten sanft köcheln lassen

2 Als Nächstes die Milch einrühren und die Vanilleschote hinzufügen. Nun die Kartoffelstärke in ein kleines Gefäß geben, mit etwas Wasser verrühren und erst danach zu der Suppe gießen. Unter Rühren erhitzen, bis die Suppe andickt.

3 Sobald die Suppe die gewünschte Konsistenz hat, die Vanilleschote entfernen und die fertige Schokoladensuppe auf vier Schälchen verteilen. Mit jeweils einer Prise Zimt bestäuben, servieren und noch warm genießen.

EPLA KAKA

APFELDESSERT

4 Port.

50 Min.

Leicht

Zutaten

350 g Apfelmus
200 g Semmelbrösel
100 g Zucker
100 g Preiselbeeren
60 g Butter
125 ml Sahne
1 EL Zucker

Nährwerte p. P.

546 kcal
79 g Kohlenhydrate
22 g Fett
6 g Eiweiß

1 Zunächst die Butter in eine Pfanne füllen und bei mäßiger Hitzezufuhr erhitzen. Anschließend den Zucker sowie die Semmelbrösel unter Rühren goldbraun rösten. Die Brösel auf einen Teller umfüllen und abkühlen lassen.

2 Als Nächstes die Sahne in ein hohes Gefäß füllen, den Zucker hinzufügen und mithilfe eines Handrührgeräts aufschlagen. Abschließend die Sahne in einen Spritzbeutel umfüllen.

3 Nun je eine Schicht Preiselbeeren und Apfelmus in vier Gläser verteilen und dann mit den Bröseln toppen. Nochmals mit einer Schicht Apfelmus toppen und dann mit einer Schicht Sahne abschließen. Das fertige Apfeldessert bis zum Servieren im Kühlschrank lagern und dann kalt genießen.

VAFFLUR MEÐ RHEINBARBERSULTU

WAFFELN MIT RHABARBERMARMELADE

16 Port.

1 Std.

Leicht

Zutaten

Für die Rhabarbermarmelade:
500 g Rhabarber
100 g Zucker
1 Zimtstange
2 EL Wasser

Für die Waffeln:
300 g Mehl
100 g Butter
2 Eier
375 ml Milch
20 ml Sahne
4 EL Zucker
2 EL Puderzucker
4 TL Backpulver
1 TL Vanilleextrakt
1 Prise Salz
ein Spritzer Zitronensaft

Nährwerte p. P.

189 kcal
27 g Kohlenhydrate
7 g Fett
3 g Eiweiß

1 Zunächst das Mehl in eine Schüssel füllen und mit dem Backpulver vermischen. Anschließend den Zucker und das Salz hinzufügen und alles gründlich vermischen.

2 Als Nächstes die Butter in einen kleinen Topf füllen und bei schwacher Hitze schmelzen lassen. Nun etwa die Hälfte der Milch dazugießen und mithilfe eines Schneebesens ausgiebig verquirlen. Den Butter-Milch-Mix zum Mehl in die Schüssel geben, die Eier hinzufügen und mithilfe eines Handrührgeräts verrühren. Portionsweise die restliche Milch dazugießen, ein paar Tropfen Zitronensaft hinzugeben und alles vermischen. Den fertigen Teig für ca. 15 Minuten ruhen lassen.

3 In der Zwischenzeit den Rhabarber putzen und in kleine Stücke zerteilen. Anschließend in einen Topf füllen und das Wasser, den Zucker sowie den Zimt hinzufügen. Den Topf mit einem Deckel verschließen und bei starker Hitze aufkochen lassen.

4 Im Anschluss den Deckel abnehmen und den Rhabarber bei mäßiger Hitze für ca. 15 Minuten sanft garen. Sobald der Kompott andickt, die Zimtstange entfernen und den Topf von der Herdplatte ziehen.

5 Nun die Sahne in ein hohes Gefäß füllen, den Puderzucker und die Vanille hinzufügen und mithilfe eines Handrührgeräts steif aufschlagen.

6 Zum Schluss ein Waffeleisen mit etwas Öl bepinseln und aufheizen. Den Teig portionsweise in das Waffeleisen geben und auf diese Weise 16 Waffeln ausbacken. Die fertigen Waffeln können bei Bedarf im Backofen (ca. 50 °C Heißluft) warm gehalten werden.

7 Die fertigen Waffeln mit etwas Rhabarberkompott toppen, mit etwas Vanillesahne garnieren und noch warm genießen.

SKYRCREME MEÐ JOSTABERRIES

SKYRCREME MIT JOSTABEEREN

2 Port.

10 Min.

Leicht

Zutaten

150 g Jostabeeren
2 EL geröstete Pinienkerne

Für die Creme:
350 g Skyr
35 g Rohrzucker
4 EL Limettensaft
etwas Limettenabrieb

Nährwerte p. P.

314 kcal
32 g Kohlenhydrate
8 g Fett
26 g Eiweiß

1 Zunächst die Creme zubereiten. Hierfür den Skyr in eine Schüssel füllen, den Limettensaft hinzufügen und den Zucker sowie den Limettenabrieb dazugeben. Gründlich zu einer glatten Creme verrühren und in zwei Gläser verteilen.

2 Als Nächstes die Jostabeeren waschen und mit einem Küchenpapier trocken tupfen. Die Beeren auf der Creme verteilen und das fertige Dessert abschließend mit den Pinienkernen bestreuen. Die fertige Skyrcreme mit Jostabeeren bis zum Servieren im Kühlschrank lagern und dann eiskalt genießen.

Kuchen und Gebäck

GULRÓTARKAKA

KAROTTENKUCHEN

16 Port.

1 Std.
55 Min.

Leicht

Zutaten

Für den Kuchen:
250 g Butter
250 g Rohrzucker
250 g Karotten
170 g Mehl
100 g geschälte Mandeln
100 g Walnüsse
5 Eier
1 Orange
1 TL Backpulver
1 TL Zimt
Je 1 Prise Salz, Gewürznelken und Muskatnuss

Für den Überzug und die Füllung:
200 g Frischkäse, Doppelrahmstufe
150 g Mascarpone
100 g Puderzucker
1 Limette
Nüsse nach Wahl

Nährwerte p. P.

414 kcal
33 g Kohlenhydrate
28 g Fett
7 g Eiweiß

1 Zunächst den Backofen auf 180 °C vorheizen und eine Springform mit Backpapier auslegen. Anschließend das Mehl in eine Schüssel füllen, mit Muskatnuss, Zimt und Gewürznelken vermischen sowie das Backpulver unterrühren und gründlich durchsieben.

2 Als Nächstes die Walnüsse und die Mandeln sehr fein hacken. Danach die Orange waschen, trocken reiben und die Schale mithilfe einer Reibe abraspeln. Im Anschluss die Orange halbieren und den Saft aus den Hälften herauspressen. Nun die Schale der Möhren entfernen und die Möhren ebenfalls fein reiben.

3 Danach die Eier trennen und das Eiklar in ein hohes Gefäß füllen. Eine Prise Salz hinzufügen und das Eiweiß mithilfe eines Handrührgeräts zu Eischnee steif schlagen. Nun die Butter in eine weitere Schüssel geben, den Zucker dazugeben und schaumig aufschlagen.

4 Nach und nach die Eigelbe unterrühren und erst danach den Orangensaft sowie den -abrieb hinzufügen. Danach das vorbereitete Mehl mit in die Schüssel füllen und einarbeiten. Im Anschluss die gehackten Mandeln und Nüsse sowie die Möhrenraspeln unterheben. Zuletzt vorsichtig den Eischnee unterziehen.

5 Den Teig in die vorbereitete Springform füllen, in den Ofen schieben und für ca. 55 Minuten backen.

6 Nach Ende der Backzeit die Form aus dem Backofen nehmen, kurz abkühlen lassen und dann vorsichtig aus der Form lösen. Den Kuchen vollständig abkühlen lassen.

7 In der Zwischenzeit den Überzug herstellen. Hierfür die Limette waschen, trocken reiben und die Schale mithilfe einer Reibe fein raspeln. Anschließend die Limette halbieren und den Saft aus den Hälften pressen. Beides in eine Schüssel geben, die Mascarpone sowie den Frischkäse und den Puderzucker hinzufügen und alles mithilfe eines Schneebesens kräftig verrühren.

8 Den abgekühlten Kuchen mit der Creme bestreichen (oder wahlweise füllen) und nach Belieben mit Nüssen ausdekorieren.

9 Den fertigen Karottenkuchen bis zum Servieren im Kühlschrank lagern. Aufschneiden, servieren und genießen.

SJÓNVARPSKAKA

FERNSEHKUCHEN

16 Port.

1 Std.
15 Min.

Leicht

Zutaten

Für den Teig:
250 g Zucker
250 g Mehl
50 g Butter
4 Eier
200 ml Milch
2 TL Backpulver
1 Prise gemahlene Vanille

Für den Belag:
125 g Butter
125 g Puderzucker
100 g Kokosflocken
4 EL Milch

Nährwerte p. P.

293 kcal
36 g Kohlenhydrat
15 g Fett
4 g Eiweiß

1 Zunächst den Backofen auf 180 °C Ober- und Unterhitze vorheizen und eine Springform mit Backpapier auslegen.

2 Als Nächstes die Eier in eine Schüssel aufschlagen, den Zucker dazugeben und mithilfe eines Handrührgeräts schaumig schlagen. Nun das Mehl sowie das Backpulver und die Vanille in eine zweite Schüssel füllen und vermischen. Den Mix anschließend zu den Eiern geben und einrühren. Erst danach die Milch und die Butter hinzufügen und alles zu einem glatten Teig rühren.

3 Den Teig in die vorbereitete Springform füllen und in den Ofen schieben. Den Kuchen für 30 bis 35 Minuten im Ofen backen.

4 Nach Ablauf der Backzeit die Form aus dem Ofen nehmen, den Backofen jedoch nicht ausschalten.

5 Als Nächstes den Belag herstellen. Dafür die Butter in einen Topf geben, mit der Milch aufgießen und den Puderzucker sowie die Kokosflocken hinzufügen. Bei mäßiger Hitze für ca. 5 Minuten unter Rühren sanft köcheln lassen. Die warme Kokoscreme auf dem Kuchen verteilen und im Anschluss für weitere 20 bis 25 Minuten im Ofen fertig backen.

6 Nach Ende der Backzeit den Kuchen aus dem Ofen nehmen, etwas abkühlen lassen und vorsichtig aus der Form lösen. Den fertigen Fernsehkuchen aufschneiden und servieren.

SKÚFFUKAKA

SCHOKOLADENKUCHEN

12 Port.

1 Std.

Leicht

Zutaten

Für den Kuchen:
300 g Mehl
240 g Zucker
140 ml Buttermilch
60 g flüssige Butter
60 g Kakaopulver
2 Eier
40 ml heißes Wasser
1 TL Natron
1 TL Backpulver
1 TL Zimt
½ TL Salz

Für die Glasur:
160 g Puderzucker
20 g Kakaopulver
20 g flüssige Butter
2 Pck. Vanillezucker
3 EL kalter Kaffee
Kokosraspeln

Nährwerte p. P.

328 kcal
54 g Kohlenhydrate
9 g Fett
6 g Eiweiß

1 Zunächst den Backofen auf 175 °C Ober- und Unterhitze vorheizen und eine Kastenform mit nassem Backpapier auslegen.

2 Als Nächstes das Mehl, den Zucker, das Kakaopulver sowie das Natron, das Backpulver, den Zimt und das Salz in eine Schüssel füllen und vermischen. Anschließend die Buttermilch, die Butter sowie das Wasser und die Eier verrühren und erst danach zu den trockenen Zutaten geben. Die Masse mithilfe eines Holzlöffels zu einem Teig vermengen. Den Teig in die Form füllen und im Ofen für ca. 25 Minuten backen.

3 In der Zwischenzeit die Glasur herstellen. Dafür den Puderzucker, den Vanillezucker und das Kakaopulver in eine Schüssel füllen und vermischen. Im Anschluss die Butter sowie den Kaffee dazugießen und gründlich verrühren.

4 Nach Ablauf der Backzeit den Kuchen aus dem Ofen nehmen und direkt mit der vorbereiteten Glasur übergießen. Abschließend mit den Kokosraspeln bestreuen und abkühlen lassen.

5 Den fertigen Schokoladenkuchen aufschneiden, servieren und genießen.

HJÓNABANDSSÆLA

EHEGLÜCK

12 Port.

1 Std.

Leicht

Zutaten

Für den Teig:
200 g Mehl
150 g flüssige Butter
130 g Haferflocken
90 g Rohrzucker
1 TL Backpulver
etwas Fett für die Form

Für die Füllung:
350 g Rhabarber-Kompott
1 Pck. Vanillepuddingpulver
150 ml Rhabarber-Saft
2 EL Zucker

Nährwerte p. P.

305 kcal
47 g Kohlenhydrate
11 g Fett
3 g Eiweiß

1 Zunächst die Füllung vorbereiten. Hierfür das Rhabarber-Kompott in einen Topf geben, mit 100 ml Rhabarbersaft aufgießen und den Zucker einrühren. Die Masse bei mäßiger Hitze unter Rühren aufkochen lassen.

2 Nun das Puddingpulver in ein kleines Gefäß geben und mit dem restlichen Saft verquirlen. Das Gemisch mithilfe eines Schneebesens in das Kompott einarbeiten, nochmals für ca. 1 Minute köcheln lassen und anschließend vom Herd nehmen.

3 Den Backofen auf 200 °C Umluft vorheizen und eine Springform mit etwas Fett ausstreichen.

4 Als Nächstes den Teig zubereiten. Dafür das Mehl sowie die Haferflocken, den Rohrzucker und das Backpulver in eine Rührschüssel füllen und vermischen. Danach die flüssige Butter hinzugießen und die Zutaten zu einem homogenen Teig verrühren.

5 Etwa ? der Teigmasse in die vorbereitete Form füllen und andrücken. Nun den Kompott auf dem Boden verteilen und die restliche Teigmasse darüberbröseln. Die Form nun in den Ofen schieben und den Kuchen für etwa 20 bis 25 Minuten backen.

6 Nach Ablauf der Backzeit die Form aus dem Ofen nehmen, den Kuchen abkühlen lassen und dann vorsichtig aus der Form lösen. Das fertige Eheglück aufschneiden und servieren.

KANELBOLLS KEX

ZIMTSCHNECKEN-KEKSE

64 Port.

3 Std.

Leicht

Zutaten

Für den Keksteig:
500 g Mehl
175 g Butter
150 g Puderzucker
1 Ei
150 ml Milch
2 TL Backpulver
½ TL Kardamompulver
1 Prise Salz

Für die Füllung:
90 g Zucker
10 g Zimt
100 ml Sahne
Schokoladenkuvertüre

Nährwerte p. P.

76 kcal
11 g Kohlenhydrat
3 g Fett
1 g Eiweiß

1 Zunächst die Butter in eine Schüssel füllen, den Zucker dazugeben und mithilfe eines Handrührgeräts schaumig aufschlagen. Währenddessen das Ei, das Kardamompulver und das Salz untermischen. Danach das Mehl sowie das Backpulver einrieseln lassen und ebenfalls einarbeiten. Abschließend schluckweise die Milch dazugießen und die Masse zu einem homogenen Teig verkneten.

2 Den Teig in zwei Portionen aufteilen, jeweils in Frischhaltefolie einschlagen und für ca. 30 Minuten im Kühlschrank ruhen lassen. Währenddessen den Zucker in ein kleines Gefäß geben und mit dem Zimt vermischen.

3 Nach Ablauf der Kühlzeit den Teig auf ein Backpapier geben und ausrollen. Nun die Hälfte der Sahne auf dem Boden verstreichen und anschließend mit der Hälfte vom Zimt-Zucker-Mix bestreuen. Nun der Länge nach aufrollen. Die zweite Teigportion auf die gleiche Weise zubereiten. Die Teigrollen in Backpapier einschlagen und für ca. 60 Minuten in das Gefrierfach legen.

4 In der Zwischenzeit den Backofen auf 180 °C Ober- und Unterhitze vorheizen und zwei Backbleche mit Backpapier auslegen.

5 Nach Ende der Kühlzeit die Teigrollen auspacken und mit einem scharfen Messer in gleichmäßige Scheiben (ca. 1 cm dick) aufschneiden. Die Kekse mit ausreichend Abstand auf den vorbereiteten Backblechen verteilen und die Bleche dann in den Ofen schieben. Die Kekse für ca. 15 Minuten goldbraun backen.

6 Nach Ende der Backzeit die Kekse auf einem Gitter auskühlen lassen und dann servieren und genießen.

SKYR SMÁKÖKUR

KEKSE MIT SKYR

 50 Port.
 2 Std.
 Leicht

Zutaten

380 g Mehl
250 g Butter
150 g Skyr mit Vanillegeschmack
100 g Puderzucker
40 g + 16 g Vanillezucker
40 g Zucker
30 g Rohrzucker
1 Eigelb

Nährwerte p. P.

84 kcal
10 g Kohlenhydrate
4 g Fett
1 g Eiweiß

1 Zunächst die Butter in eine Schüssel füllen und mit den verschiedenen Zuckersorten cremig aufschlagen. Nun das Ei trennen und das Eigelb in eine zweite Schüssel füllen. (Das Eiweiß wird nicht benötigt und kann anderweitig verwendet werden.)

2 Als Nächstes den Skyr zum Eigelb in die Schüssel geben, verquirlen und dann zum Butter-Zucker-Mix geben. Gründlich verrühren und abschließend das Mehl einarbeiten. Die Masse zu einem Teig verkneten, in Frischhaltefolie einschlagen und im Kühlschrank für ca. 60 Minuten ruhen lassen.

3 In der Zwischenzeit den Backofen auf 180 °C Ober- und Unterhitze vorheizen und zwei Backbleche mit Backpapier auslegen. Danach eine Arbeitsfläche mit etwas Mehl bestreuen.

4 Nach Ende der Kühlzeit den Teig aus dem Kühlschrank nehmen, die Folie entfernen und den Teig auf der vorbereiteten Arbeitsfläche ausrollen (ca. 5 mm dick). Mithilfe eines Messers Rechtecke aus dem Teig schneiden (etwa 2 × 3 cm). Nach Belieben können die Kekse nun mit Motivstempeln verziert werden.

5 Die Kekse mit ausreichend Abstand auf die vorbereiteten Backbleche legen, in den Ofen schieben und für ca. 12 bis 15 Minuten goldbraun backen.

6 Die fertigen Kekse mit Skyr auf ein Gitter legen, abkühlen lassen und dann genießen.

KLEINUR

SCHMALZGEBÄCK

70 Port.

1 Std.
35 Min.

Mittel

Zutaten

500 g Mehl
125 g Skyr
100 g Zucker
75 g Butter
2 Eier
2 l Öl
100 ml Milch
2 ½ TL Backpulver
2 TL Kardamom
1 TL Hirschhornsalz
Salz, Puderzucker

Nährwerte p. P.

63 kcal
7 g Kohlenhydrate
3 g Fet
1 g Eiweiß

1 Zunächst die Eier in eine Schüssel aufschlagen. Anschließend den Skyr sowie die Milch hinzugießen und mithilfe eines Schneebesens glatt rühren. Danach das Mehl sowie das Backpulver in eine zweite Schüssel füllen und mit dem Zucker, dem Salz, dem Hirschhornsalz und dem Kardamom vermischen. Die trockenen Zutaten zu dem Ei-Skyr-Mix geben, die Butter hinzufügen und alles zu einem glatten Teig verkneten.

2 Als Nächstes eine Arbeitsfläche mit etwas Mehl bestäuben und den vorbereiteten Teig darauf ausrollen (ca. 5 mm dick). Den Teig mithilfe eines Teigrädchens zu Rauten schneiden mit je 4 cm Seitenlänge und jede Raute mittig einschlitzen (ca. 1,5 cm lang).

3 Nun vorsichtig eine Rautenspitze durch den Schlitz in der Mitte ziehen und den Teig anschließend erneut zu einer Raute formen.

4 Abschließend das Öl in einen Topf füllen, auf 170 °C erhitzen und die vorbereiteten Teiglinge portionsweise darin für 2 bis 4 Minuten ausbacken. Zwischenzeitlich wenden. Das fertige Schmalzgebäck auf einem mit Küchenpapier ausgelegten Teller abtropfen lassen, mit etwas Puderzucker bestäuben und dann noch warm servieren.

TUNLAKEX

MONDKEKSE

50 Port.

3 Std.
45 Min.

Leicht

Zutaten

300 g Mehl
300 g Pflaumenmus
150 g Butter
100 g Zucker
2 Eier
4 EL Milch
1 EL brauner Rum
1 EL Kakao
1 EL Puderzucker
1 ½ TL Kardamom
½ TL Backpulver
½ TL Hirschhornsalz
1 Prise Salz

Nährwerte p. P.

68 kcal
9 g Kohlenhydrate
3 g Fett
1 g Eiweiß

1 Zunächst das Mehl zusammen mit dem Backpulver in eine Schüssel geben und durchsieben. Anschließend das Hirschhornsalz sowie das normale Salz, den Zucker und den Kardamom dazugeben und vermischen. Abschließend flöckchenweise die Butter und die Eier hinzufügen. Alle Zutaten zu einem glatten Teig verkneten. Den Teig zu einer Kugel formen, in Frischhaltefolie einschlagen und für etwa 2 Stunden im Kühlschrank ruhen lassen.

2 In der Zwischenzeit den Backofen auf 200 °C vorheizen, zwei Backbleche mit Backpapier auslegen und eine Arbeitsfläche mit etwas Mehl bestäuben. Danach das Pflaumenmus in einen Topf füllen, den Rum dazugießen und bei mäßiger Hitze und unter Rühren aufkochen lassen. Für ca. 10 Minuten leise köcheln lassen, bis die Masse etwas andickt.

3 Nun den Teig aus dem Kühlschrank nehmen und ausrollen (ca. 4 mm dick). Mithilfe einer Ausstechform oder eines Glases Kreise ausstechen (ca. 6 cm Durchmesser) und diese mit je 0,5 TL Pflaumenmus bestreichen. Die Teiglinge zu Halbkreisen einklappen und die Ränder mithilfe einer Gabel leicht zusammendrücken und so verschließen. Die Halbmonde auf die vorbereiteten Backbleche umsetzen und im Anschluss oberflächlich mit etwas Milch bestreichen.

4 Die Bleche in den Ofen schieben und die Kekse für ca. 10 bis 15 Minuten goldbraun ausbacken. Nach Ende der Backzeit die Bleche aus dem Ofen nehmen. Die eine Hälfte der Kekse mit Puderzucker bestreuen, die andere Hälfte mit etwas Kakao bestäuben.

5 Die fertigen Mondkekse servieren und genießen.

PIPARKÖKUR

LEBKUCHENKEKSE

 40 Port.

 45 Min.

 Leicht

Zutaten

220 g Mehl
50 g Zucker
25 g Butter
50 g Rohrzucker
50 ml Sirup
50 ml Sahne
1 TL Zimt und Ingwer
1 TL Backpulver
1 Prise Nelkenpulver
1 Prise Kardamom
Lebkuchengewürz
n. B. einige Fruchtbonbons

Nährwerte p. P.

41 kcal
7 g Kohlenhydrate
1 g Fett
1 g Eiweiß

1 Zunächst den Backofen auf 200 °C Umluft vorheizen und zwei Backbleche mit Backpapier auslegen.

2 Danach die Butter in einen Topf füllen, den Sirup sowie den Zucker dazugeben und bei schwacher Hitze schmelzen lassen. Gründlich rühren, bis eine glatte Masse entsteht. Hierbei darauf achten, dass es nicht aufkocht.

3 Nun den Topf von der Herdplatte ziehen, den Ingwer, das Lebkuchengewürz, den Zimt sowie den Kardamom und das Nelkenpulver einrühren und abschließend mit der Sahne aufgießen.

4 Als Nächstes das Mehl in eine Schüssel füllen, mit dem Backpulver vermischen und dann das Butter-Gemisch dazugießen und mit dem Mehl verkneten. Den Teig auf ein Backpapier legen und dünn ausrollen. Mithilfe einer Ausstechform Kekse ausstechen und auf das vorbereitete Backblech legen. Nun mithilfe einer kleineren Ausstechform mittig ein kleines Loch aus den Keksen ausstechen.

5 Als Nächstes die Fruchtbonbons in einen Gefrierbeutel füllen und mit einem Fleischklopfer zerkleinern. Einige Bonbonstückchen nun in die Löcher in die Kekse legen.

6 Die Bleche in den Backofen schieben und die Kekse für ca. 5 Minuten backen. Hierbei zerläuft der Bonbon und bildet eine Art süßes Bonbon-Fenster im Keks.

7 Nach Ende der Backzeit die Bleche aus dem Ofen nehmen und die Kekse auf dem Backblech vollständig abkühlen lassen, damit die Bonbonfenster wieder hart werden. Die Lebkuchenkekse servieren und genießen.

Soßen, Cremes und Dips

SCHNITTLAUCH-SKYR-DIP

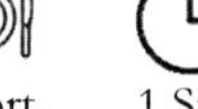

4 Port. 1 Std. Leicht

Zutaten

200 g Skyr
2 Bund Schnittlauch
2 Knoblauchzehen
Salz, Pfeffer

Für die Dekoration:
1 Frühlingszwiebel

Nährwerte p. P.

132 kcal
18 g Kohlenhydrate
1 g Fett
13 g Eiweiß

1 Zunächst den Schnittlauch waschen, trocken tupfen und in feine Röllchen hacken. Danach die Schale vom Knoblauch abziehen und die Zehe sehr fein hacken.

2 Die Schnittlauchröllchen zusammen mit dem Knoblauch in eine Schüssel füllen und mit dem Skyr vermengen. Abschließend die Masse mit Salz und Pfeffer abschmecken.

3 Als Nächstes die Frühlingszwiebel putzen, in schmale Ringe schneiden und dekorativ auf dem fertigen Schnittlauch-Skyr-Dip verteilen. Bis zum Servieren kalt stellen und dann genießen.

RÓFUR SKYR DYFJA

ROTE-BETE-SKYR-DIP

4 Port.

1 Std.

Leicht

Zutaten

200 g Skyr
4 vorgegarte Rote Beten
1 Schalotte
1 Apfel

Für die Dekoration:
1 Frühlingszwiebel

Nährwerte p. P.

157 kcal
27 g Kohlenhydrate
1 g Fett
9 g Eiweiß

1 Zunächst die vorgegarte Rote Bete zerkleinern und in eine Schüssel füllen. Anschließend die Schale der Zwiebel entfernen und diese fein hacken sowie den Apfel schälen und mithilfe einer Reibe raspeln.

2 Beides zu der Roten Bete in die Schüssel geben, den Skyr hinzufügen und gründlich vermengen.

3 Den fertigen Rote-Bete-Skyr-Dip bis zum Servieren kalt stellen und dann servieren.